Wendlandt · Entspannung im Alltag

Wolfgang Wendlandt

Entspannung im Alltag

Ein Trainingsbuch

2. Auflage

Beltz Verlag · Weinheim und Basel

Wolfgang Wendlandt, geb. 1944, Dr. phil., Diplom-Psychologe, Gesprächspsychotherapeut und Verhaltenstherapeut; seit 1979 Professor für Psychologie an der Alice-Salomon-Fachhochschule für Sozialarbeit und Sozialpädagogik Berlin mit dem Schwerpunkt Beratung und Therapie; langjährig in der Fort- und Weiterbildung helfender Berufe sowie als Supervisor und Psychotherapeut tätig.

Bilder zu den einzelnen Kapiteln und auf Seite 2: Lichtgraphik/Solarisationen von Kurt Wendlandt aus dem Zyklus Variationen 1/1963.

Die Deutsche Bibliothek – CIP-Einheitsaufnahme

Wendlandt, Wolfgang:
Entspannung im Alltag : ein Trainingsbuch / Wolfgang Wendlandt. – 2., erw. Aufl. – Weinheim ; Basel : Beltz, 1995
(Edition sozial)
ISBN 3-407-55756-6

2., erweiterte Auflage 1995

Lektorat: Richard Grübling

Herstellung (DTP): Lore Amann
Druck: Druckhaus »Thomas Müntzer«, Bad Langensalza (Thüringen)
Umschlaggestaltung: csg computersatz und grafik, Weinheim
Umschlagabbildung: Abendlicht. Gemälde v. Elfriede Wendlandt, 30 × 50 cm, 1987
Printed in Germany

ISBN 3-407-55756-6

Inhaltsverzeichnis

Vorwort zur 1. Auflage 9

Vorwort zur 2. Auflage 10

Einleitung 11

1. Warum das Buch geschrieben wurde 11
2. An wen sich das Buch richtet 13
3. Zu den Inhalten des Buches 14
4. Wie das Buch zu gebrauchen ist 16

Allgemeine Hinweise zum Thema »Entspannung«

1. Was man über Entspannung wissen sollte 18
2. Theoretische Grundlagen zum Thema Entspannung 22
3. Grenzen eines Entspannungstrainings 25

Die Progressive Muskelentspannung:
Lernprogramm und Anwendung im Alltag

Programm I
Das Erlernen der Progressiven Muskelentspannung
(bearbeitete Fassung des Jacobson-Entspannungstrainings) . . . 28

1. Einführung 28
2. Sitzhaltung 30
3. Durchführungshinweise 32
4. Anleitungsbögen zum Entspannen: Trainingsteile 1 bis 6 . . 38
5. Selbständige Weiterarbeit 50

Programm II
Die Anwendung der Entspannung im Alltag
Ein Generalisierungsprogramm 54

1. Einführung 54
2. Variationen zum Entspannen im Sitzen.......................... 55
3. Variation: Entspannung im Stehen 56
4. Variation: Entspannung beim Laufen 57
5. Anwendung der Entspannung in Alltagssituationen ohne Kommunikationsdruck 59
6. Anwendung der Entspannung in Alltagssituationen mit Kommunikationsdruck 63
7. Beispiele weiterer Trainingssituationen 67
8. Selbständige Weiterarbeit 69

Drei Zusatzprogramme rund um das Thema Entspannung

Programm III
Arbeit mit Ruhe-Bildern zur Vertiefung des Entspannungserlebens (Ergänzung zu Programm I) 72

1. Einführung 72
2. Ruhe-Bilder erarbeiten 73
3. Ruhe-Bilder ergänzen 73
4. Entspannungsübungen mit Ruhe-Bild abschließen........ 74
5. Ruhe-Bilder bei schwer zugänglichen Körperpartien einsetzen.......................... 74
6. Beispiele weiterer Ruhe-Bilder.......................... 75
7. Selbständige Weiterarbeit 78

Programm IV
Verbesserung der Körperwahrnehmung: Sensibilisierungsübungen (Ergänzung zu Programm II) 80

1. Einführung 80
2. Sensibilisierung für Hand- und Armmuskeln 81
3. Sensibilisierung für Gesichts-, Nacken und Schultermuskeln 83

4. Sensibilisierung für individuell bedeutsame Körperpartien . . . 83
5. Sensibilisierung für den gesamtkörperlichen Zustand (Sitzhaltung, Körperempfinden) . . . 84
6. Selbständige Weiterarbeit . . . 85

Programm V
Bewältigungstraining in der Vorstellung
Positives Denken und Selbstsicherheit im Alltag . . . 86

1. Einführung . . . 86
2. Ermittlung schwieriger Alltagssituationen . . . 87
3. Selbstbeobachtung in schwierigen Alltagssituationen . . . 89
4. Rangreihe schwieriger Alltagssituationen bilden . . . 90
5. Zielverhalten für die Situationsbewältigung erarbeiten . . . 91
6. Entspannungsübung mit Bewältigungstraining koppeln . . . 92
7. Selbständige Weiterarbeit . . . 95

Motivationshilfen für die Arbeit mit den fünf Trainingsprogrammen

1. Einführung . . . 97
2. Erinnerungssignale für die Trainingsschritte festlegen . . . 97
3. »Runterschalten« . . . 99
4. Arbeitsbögen anlegen . . . 101
5. Eigene Ideen erproben . . . 102
6. Entspannung nicht erzwingen . . . 104
7. Plus-Erfahrungen notieren: sich am Positiven orientieren . . . 106

Zum Einsatz der Programme

1. Individuelle Ziele und Kombination der Programme . . . 110
2. Selbsttraining in 10 Wochen: Anleitung zur Eigenarbeit mit den Programmen I bis IV . . . 112
3. Zwölf Sitzungen Gruppentraining mit den Programmen I bis V: Anleitung für psychosoziale Helfer . . . 117

Literaturverzeichnis . . . 126

Vorwort zur 1. Auflage

Wir sind Meister im Anspannen.
Wir haben gelernt, uns zusammenzureißen, wenn es schwer wird.
Nach dem Motto: »Augen zu und durch!«
Und wenn es ganz dicke kommt: Mit ein bißchen mehr Anstrengung packen wir's.
Ja, selbst die letzten Reserven können wir mobilisieren, um uns zum Ziel durchzukämpfen.

Ständig Spannung. Spannung hier und Spannung da. Sie liegt schwer im Magen und auf der Stirn. Sie baut sich auf, macht sich breit und macht uns krank. Dabei ginge es auch anders: Weniger ist mehr! Warum nicht »loslassen«? – Loslassen heißt Abstand nehmen, heißt Kraft behalten, sich sammeln und zur Ruhe kommen, heißt sich selber spüren und Stärke finden. Das Loslassen ist ein gesamtseelischer Zustand, der sich im Denken und Fühlen zeigt und sich unmittelbar im Körper ausdrückt: in der Entspannung, einer wohligen Gelöstheit, in einer Leichtigkeit und Ruhe oder in einem Zustand angenehmer Schwere und Wärme. Wer entspannt ist, ist gelassen, läßt sich offen für die Ereignisse seiner Umwelt und vermag besser mit seinen Kräften zu haushalten. Die Fähigkeit loslassen zu können ist ein Schatz, den wir hüten sollten.

Entspannung wird im folgenden als eine Fähigkeit vorgestellt, die erlernbar ist und die es dem Menschen ermöglicht, leichter zu sich zu kommen und die Dinge, die ihm im Leben wichtig sind, aus sich heraus anzugehen. Entspannung erlaubt aber auch, bei den Dingen, die getan werden müssen, den unnötigen Kraftaufwand zu lassen, die Verbissenheit abzuschütteln und die alltäglichen Dinge des Lebens lockerer und mit mehr Zuversicht zu tun.

Die Entspannungsmethoden, die in diesem Buch dargestellt werden, haben das Ziel, nicht nur im stillen Kämmerlein zu wirken. Das Besondere an ihnen ist ihr Anwendungsbezug zum Alltag: Es wird aufgezeigt, wie wir Entspannungsreaktionen gerade in jenen alltäglichen Belastungssituationen mobilisieren können, in denen wir uns gewöhnlich

»zusammenreißen« und »fest« werden, wo uns Unbehagen oder Angst gefangenhalten und wir verkrampft und »nervös« reagieren. Dort, im Alltagsgeschehen, gilt es, die Signale des eigenen Körpers besser wahrzunehmen, sich zu entspannen und – soweit erwünscht – zu einer größeren inneren Ruhe, Ausgeglichenheit und Stärke zu gelangen.

Ein entspannter Geist wird freier fliegen als ein angespannter Geist. Und er wird leichter Lösungswege finden. Und lebendiger sprühen können.

Berlin, im August 1992 *Wolfgang Wendlandt*

Vorwort zur 2. Auflage

Vielleicht lacht die Kuh am Sternenzelt, vielleicht liegt der Hase im Weißkohl auf Lauer, vielleicht gibt es morgen ein schönes Erwachen – und Entspannung ist immer dabei.

Wer A sagt muß auch zweite Auflage sagen. Das habe ich mit Freuden getan und dem A noch ein paar Ergänzungen hinzugefügt: einen Abschnitt über Trainingssituationen zum Einsatz von Entspannung und Selbstsicherheit (s. Programm II, 7.), einen Abschnitt über zusätzliche Ruhe-Bilder (s. Programm III, 6.), einen Abschnitt über die Unsinnigkeit, Entspannung erzwingen zu wollen (s. Motivationshilfen) und einen Abschnitt über Gespenster, die aus der schönsten Entspannung haifischgleich auftauchen können (s. Einsatz der Programme in der Gruppe).

Berlin, im Januar 1995 *Wolfgang Wendlandt*

Einleitung

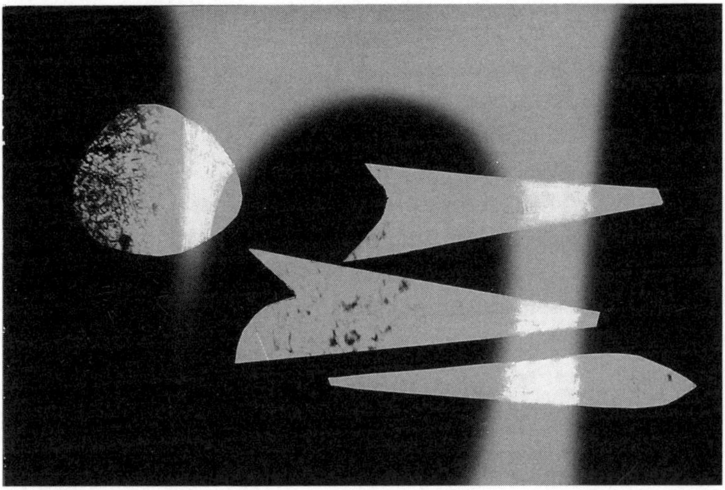

1. Warum das Buch geschrieben wurde

Seitdem ich anderen Menschen das Jacobson-Entspannungstraining beibringe – nun schon seit 20 Jahren –, bin ich immer wieder auf einen Widerspruch gestoßen, der mich beschäftigt und manches Mal auch geärgert hat: Groß ist oft der Aufwand an Zeit und Energie (vielfach auch an Geld), der betrieben wird, um zu einer immer besseren Entspannungsfähigkeit zu gelangen. Aber in der Regel nutzen die Menschen diese – im stillen Kämmerlein gewonnenen – Erfahrungen nur sehr begrenzt in denjenigen Belastungssituationen, in denen sie sich angespannt und nervös fühlen und wo sie liebend gerne ohne ihre langjährig bekannten Verspannungen wären. Da, wo Menschen die Fähigkeit zum Loslassen bräuchten, in schwierigen Alltagssituationen, sind sie weiterhin verspannt. Da, wo sie (auch vor dem Entspannungstraining schon) relativ ruhig und locker waren – bei sich zu Hause –, können sie sich wie Weltmeister entspannen.

Die Arbeit mit einer Entspannungsmethode kam mir oft vor wie das

Verabreichen eines Stärkungsmittels: Zuversichtlich stürzt sich der so Gestärkte in den Dschungel seines alltäglichen Streß', um dann doch erfahren zu müssen, daß sich die Wirkung seines Zaubertrankes bald verliert. Er kann dann nicht sein Fläschchen mit dem Wundermittel an seine Lippen setzen (wie Asterix es täte), um selbstbewußt und sicher die begonnenen Aufgaben zu Ende zu bringen. Oft holen ihn Anspannung und Unsicherheit bald wieder ein, und er hofft sehnsüchtig auf den Moment, in dem er sich zu Hause, in Ruhe und Abgeschiedenheit, wieder seinen Entspannungsübungen hingeben kann.

Stärkungsmittel lehren nichts Neues! Aber kann man Entspannung nicht auch als eine Methode vermitteln, die sich trotz bzw. gerade angesichts beunruhigender Umgebungsreize gezielt einsetzen läßt? Und die in alltäglichen Lebenszusammenhängen dann auch wirkt? Diese Frage begann mich nicht mehr loszulassen.

So fing ich an, die Progressive Muskelentspannung (ursprünglich von Jacobson 1938 entwickelt) zu bearbeiten (Programm I) und zusätzlich ein Generalisierungsprogramm (Programm II) zu schaffen, mit dessen Hilfe es möglich werden sollte, den Körperverspannungen in alltäglichen Lebenssituationen entgegenzuwirken. In vielen Gruppen- und Einzelsituationen habe ich Menschen angeleitet, wie sie im Bus oder im Geschäft, beim Telefonieren oder in der Auseinandersetzung mit einem Kellner, im Seminarraum oder in der U-Bahn ihre körperlichen Verspannungszustände gezielt wahrnehmen und dann auch abbauen können. Dieses »Erprobungen in Alltagssituationen« habe ich mit Teilnehmern der Fort- und Weiterbildung durchgeführt, mit Studenten und Berufstätigen, mit unterschiedlichen Klientengruppen, aber auch mit psychosozialen Helfern, die das Entspannungstraining zur Stabilisierung des eigenen Wohlbefindens benötigen, sowie mit solchen, die die Methode lernen wollten, um sie an ihre Klienten weitervermitteln zu können. Immer ging es dabei darum, ein neues Handlungsmuster zu entwickeln: Mit seiner Hilfe sollten Menschen befähigt werden, der aufkommenden Unruhe und Angst in dem Augenblick entgegenzuwirken, in dem es zu Verspannungen kommt. – Im Rahmen dieser Arbeit sind im Laufe der Zeit drei zusätzliche Programme entstanden, die den Umgang mit Entspannung und den Abbau von Streß und Unruhe im Alltag unterstützen (siehe Programme III, IV und V).

2. An wen sich das Buch richtet

Das Buch richtet sich an unterschiedliche Zielgruppen:

- Psychosoziale Berufe

Das Buch ist vor allem für helfende Berufe geschrieben, z.B. für Kolleginnen und Kollegen aus der Sozialarbeit und Sozialpädagogik, der Pädagogik und des Sonderschulwesens, der Medizin und Psychologie, aber auch für speziell therapeutisch arbeitende Fachkräfte z.B. aus der Logopädie und Heilpädagogik, der Atemtherapie und Psychotherapie. Für sie alle zählen Entspannungsverfahren zum berufsspezifischen Handwerkszeug, das im Rahmen der täglichen psychosozialen Arbeit mit einzelnen und Gruppen zu nutzen ist. – Für die Studierenden bzw. Auszubildenden der jeweiligen Berufsgruppen bietet das Arbeitsbuch einen hilfreichen Einstieg in die behandelten Themen.

- Dozenten in der Aus- und Fortbildung psychosozialer Berufsgruppen

Darüber hinaus spricht das Buch die Lehrkräfte in den Ausbildungsstätten und Hochschulen der oben genannten Berufsgruppen an: In ihrer Funktion als Multiplikatoren benötigen sie didaktisch gut aufbereitete Arbeitsmaterialien für die Vermittlung berufspraktischer Handlungskompetenzen.

- Trainer in der Erwachsenenbildung, der betrieblichen Personalführung und der Freizeitpädagogik

Im Rahmen von Volkshochschulkursen und Angeboten des öffentlichen Gesundheitswesens bzw. der Freien Wohlfahrtspflege finden zunehmend häufiger Seminare zur Gesundheitserziehung und Gesundheitserhaltung für die Bevölkerung (interessierte Laien) statt. Dabei erfreuen sich Entspannungsverfahren zunehmender Beliebtheit – was auch für den Bereich der betrieblichen Fortbildung (für Mitarbeiter und Führungskräfte) gilt sowie für die Freizeitpädagogik im Rahmen der angeleiteten Jugendarbeit und die Animation in der Touristik.

- Interessierte Laien

Das Buch wendet sich auch an den interessierten Laien, der das Entspannungsverfahren selbst erlernen und nutzen will und sich dabei Hilfe verspricht, z.B. für den Abbau von Unruhe und Nervosität oder für einen besseren Umgang mit Schlafstörungen und Schmerzen, für die Steigerung seiner Konzentrationsfähigkeit und seines Leistungsvermögens oder für den Abbau von unbegründeten bzw. übermäßigen Ängsten und Unsicherheiten in sozialen Alltagssituationen. Manch einer möchte mit Hilfe des Entspannungstrainings einfach nur sein eigenes Wohlbefinden steigern – und auch diese Personen möchte das Buch mit seinen verschiedenen Trainingsprogrammen ansprechen.

3. Zu den Inhalten des Buches

Nach der »Einleitung« werden im folgenden Teil (»Allgemeine Hinweise zum Thema Entspannung«) Anwendungsmöglichkeiten und Ziele eines Entspannungstrainings und die theoretischen Grundlagen einer Arbeit mit Entspannung dargestellt. Die Grenzen von Entspannungsverfahren werden erläutert.

Im nächsten Teil wird die Progressive Muskelentspannung, eine der bekanntesten Entspannungsmethoden, vorgestellt. Sie liegt hier in einer vom Autor bearbeiteten Fassung vor, die in der Praxis langjährig erprobt wurde und im Buch mit Programm I bezeichnet wird. Dieses Entspannungsprogramm ist in sechs Trainingsteile untergliedert. Die Anleitungsbögen (zur Selbst- oder Fremdinstruktion) werden in anschaulicher Weise präsentiert und durch ausführliche Durchführungshinweise ergänzt.

Es folgt das Programm zur Generalisierung der erworbenen Entspannungsfähigkeit (Programm II): In einer Vielzahl aufeinander aufbauender Schritte vermittelt es, wie die Entspannungsfähigkeit (erworben durch die überarbeitete Methode der Progressiven Muskelentspannung, Programm I) in alltäglichen Belastungssituationen einzusetzen und effektiv zu nutzen ist. Es geht darum, sich nicht nur alleine im stillen Kämmerlein entspannen zu können, sondern dies auch erfolgreich in Gesprächen und Auseinandersetzungen mit den Mitmenschen zu tun, in Situationen der Unruhe, Unsicherheit und Angst. Genau diese Streßsituationen sind es ja, in denen sich Menschen in ihren eigenen Verhaltensmöglichkeiten eingeschränkt fühlen und derentwegen sie sich entschieden haben, eine Entspannungsmethode zu erlernen.

Im nächsten Buchteil werden drei Zusatzprogramme präsentiert, die den Umgang mit Entspannung und den Abbau von Streß und Unruhe im Alltag unterstützen:

Das Programm III stellt eine in mehrere Schritte untergliederte Anleitung zur Arbeit mit sogenannten Ruhe-Bildern vor. Diese intensivieren das Körpererleben und erlauben, zu einer vertieften Entspannungsfähigkeit zu gelangen. Die Arbeit mit Ruhe-Bildern aktiviert Phantasie und Vorstellungskraft und stellt eine gute Ergänzung zum körperorientierten Vorgehen der Progressiven Muskelentspannung dar.

Mit Hilfe des dann folgenden Programms IV kann die Fähigkeit des Menschen, seinen eigenen Körper differenziert wahrzunehmen, unterstützt und ausgebaut werden. Dieses Programm enthält eine Reihe kleiner Sensibilisierungsübungen und leitet den Leser an, sich selber besser spüren zu lernen und dies in sehr verschiedenartigen Situationen des alltäglichen Lebens zu tun. Es wird aufgezeigt, wie mit dem besseren Wahrnehmen von Körperzuständen immer auch die Fähigkeit zum Loslassen und Entspannen wachsen kann.

Das »Bewältigungstraining in der Vorstellung« (Programm V) unterstützt den Abbau von Nervosität, Unruhe und Angst in alltäglichen Belastungssituationen: Angemessene Bewältigungsmuster für schwierige Alltagssituationen können erarbeitet und eine ruhigere Einstellung auf bevorstehende Belastungen gewonnen werden. Dieses Programm schult insgesamt ein positives Denken und einen neuen Umgang mit zwischenmenschlichen Problemen.

Im nächsten Buchteil »Motivationshilfen« wird der Tatsache Rechnung getragen, daß es nicht immer einfach ist, mit Ruhe und Ausdauer selbständig zu üben und sich durch die oben beschriebenen Programme schrittweise hindurchzuarbeiten. Die Ausführungen zeigen, wie man bei all dem Neuen einerseits nicht außer Atem kommt, andererseits aber auch nicht zu früh aufgibt. Und es wird der Blick geschult für positive Veränderungen, die sich bereits eingestellt haben.

Der letzte Teil des Buches (»Zum Einsatz der Programme«) gibt Hinweise, für welchen Personenkreis welches Programm sinnvollerweise zum Tragen kommen sollte und wie die Programme miteinander kombiniert werden können: Der Abschnitt »Selbsttraining« zeigt auf, in welcher Abfolge interessierte Laien die Programme I bis IV im Rahmen eines Zeitraums von mindestens zehn Wochen bearbeiten können. Das Kapitel »Gruppentraining« faßt die Arbeitsschritte zusammen, die psychosoziale Helfer oder Gruppenleiter im Rahmen einer mehrwöchigen Entspannungsarbeit einsetzen können, um alle fünf Trainingsprogramme zu vermitteln: Es werden die Inhalte für 12 Trainingssitzungen in der Gruppe beschrieben und die wichtigsten Bedingungen für die Durchführung der Gruppenarbeit benannt.

Zum Abschluß jedes Buchteils bzw. Programms sind weiterführende Literaturhinweise aufgeführt. Darüber hinaus gibt die Literaturliste am Ende des Buches gezielte Hinweise für eine weitere Vertiefung des Themas.

4. Wie das Buch zu gebrauchen ist

Das vorliegende Buch stellt ein *Trainings*buch dar. Alle Programme sind *Übungs*programme, die spezifische Fähigkeiten vermitteln, welche sich nur durch eigenständiges und wiederholtes Tun erwerben lassen. In diesem Sinne können die Leserinnen und Leser darauf vertrauen, daß die Informationen dieses Buches um so eher umzusetzen sind, desto enger das Lesen verknüpft ist mit einem unmittelbaren Ausprobieren der beschriebenen Übungen, mit einem Reflektieren der neu gesammelten Erfahrungen und einem erneuten Erproben kleiner Handlungsschritte. Ein »rationales« Begreifen, das nur beim Lesen stattfindet, reicht nicht aus, um sich neue Handlungsspielräume zu erschließen. Daher ist es in vielen Abschnitten des Buches wichtig, daß Sie in »kleinen Portionen« lesen und dann unmittelbar darauf bezogen handeln, bevor Sie zum nächsten Arbeitsschritt voranschreiten.

Den einzelnen Buchteilen ist jeweils eine Kurzinformation vorangestellt, aus der deutlich wird, wie das jeweilige Kapitel im Rahmen der gesamten Entspannungsarbeit zu gebrauchen ist. Darüber hinaus finden sich detaillierte Hinweise für die Arbeit mit den einzelnen Programmen im letzten Buchteil, in dem unterschieden wird zwischen einem »Selbsttraining«, das von interessierten Leserinnen und Lesern selbständig anhand des Buches vorgenommen werden kann, und einem »Training in der Gruppe«, das von einem psychosozialen Helfer angeleitet wird.

Im übrigen kann das Buch nur diejenigen Menschen ansprechen und ihnen neue Erfahrungen vermitteln, die sich zum Thema Entspannung hingezogen fühlen und gerne ein wenig Zeit für praktische Erprobungen in diesem Bereich bereitstellen. Wer überzeugt ist, daß ganz andere Schritte not täten, um momentane Belastungen im eigenen Leben zu bearbeiten, der sollte getrost das Buch beiseite legen. (Es gibt viele Wege zu einer Verbesserung der eigenen Lebenssituation.) Vielleicht eröffnet sich später einmal ein günstigerer Zugang zur Entspannung.

Allgemeine Hinweise zum Thema »Entspannung«

Die Wirkungsweise, die Ziele und die Einsatzmöglichkeiten einer Arbeit mit Entspannung werden erläutert, wichtige theoretische Grundlagen zum Thema Entspannung dargelegt und die Grenzen von Entspannungsverfahren herausgearbeitet.

Das Kapitel kann gelesen werden, ohne daß Übungen durchzuführen sind.

1. Was man über Entspannung wissen sollte

● Wirkungsweise von Entspannungsverfahren

Entspannung ist ein Zustand, der mit unangenehmen Gefühlszuständen wie Unbehagen, Unruhe und Angst unvereinbar ist. Das heißt, Angst und Entspannung schließen einander aus, sie können nicht gleichzeitig auftreten. Wenn Entspannung vorliegt, ist sie mit einem Empfinden von Ruhe, Gelassenheit und Wohlbehagen verbunden. Entspannung ruft also einen momentan angenehmen Zustand hervor. Auf diesem Sachverhalt beruht der große Nutzen, den ein Entspannungstraining für unseren »seelischen Haushalt« besitzen kann: Negative Gefühlszustände und Körperempfindungen können gemindert oder beendet werden, indem wir uns willentlich in einen körperlich und seelisch angenehmen Entspannungszustand versetzen. – In diesem Sinne beruht der Effekt von Entspannung auf seiner – wie es in der wissenschaftlichen Literatur heißt – »antagonistischen« (gegensätzlichen) Wirkung.

● Entspannung ist eine vielseitig einsetzbare Technik

Entspannungsübungen werden zum Abbau von Unruhe und Nervosität sowie von Unsicherheiten und Ängsten eingesetzt. Aber auch andere Schwierigkeiten kann man damit abbauen: z.B. Einschlafstörungen, Erschöpfungszustände und allgemeine Übererregtheit. Darüber hinaus dient ein Entspannungstraining zur unmittelbaren Beeinflussung körperlicher Beschwerden: z.B. zum Abbau von Verspannungen im Schulter- und Nackenbereich (bei Büro- und Schreibtischarbeit sehr verbreitet), zur Vorbeugung oder zum Abbau von Kopfschmerzen, zum Lösen sonstiger Körperverspannungen (wie z.B. Magenschmerzen), zur Minderung akuter Schmerzen (z.B. beim Zahnarzt) oder zur Sicherstellung einer besseren Durchblutung (z.B. bei kalten Händen und Füßen). Auch in akuten Krisensituationen (z.B. in Raucher- und Drogenentwöhnungsprogrammen und in der Sterbebegleitung) kommt Entspannung zum Einsatz. Entspannungsverfahren werden aber auch systematisch genutzt, um die Lern- und Konzentrationsfähigkeit des Menschen zu erhöhen, seine Kreativität zu steigern und zur Verbesserung seines allgemeinen Wohlbefindens beizutragen.

● Das Erlernen von Entspannung erleichtert eine realistische Selbstwahrnehmung

In vielen Streßsituationen ist uns das Ausmaß unserer eigenen Belastung gar nicht bewußt. Dadurch, daß wir im Entspannungstraining lernen, wie sich unser Körper anfühlt, wenn er entspannt bzw. wenn er angespannt ist, können wir unsere unwillkürlichen Reaktionen auf derartige Belastungssituationen besser wahrnehmen. Wir werden sensibler für unsere Körpersignale, spüren schon eher als früher geringere Anzeichen von Anspannung und können diesen daher auch eher entgegenwirken. Und wir sind rechtzeitiger und mit mehr Ruhe in der Lage, auf unsere Umwelt einzuwirken, um die uns belastenden Faktoren (soweit es geht) auszuschalten.

In entspanntem Zustand nehmen wir also mehr von dem wahr, was in uns und um uns herum abläuft. Und je besser wir unser eigenes Verhalten und die Umwelt wahrnehmen, desto mehr Möglichkeiten besitzen wir, selbstbestimmt zu handeln.

- **Entspannung erleichtert die Bewältigung schwieriger Alltagssituationen**

Alle Alltagssituationen, in denen man sich verkrampft, ängstlich und unsicher fühlt, aus denen man am liebsten weglaufen möchte oder um die man einen großen Bogen macht, kann man in entspanntem Zustand leichter bewältigen. Man kann sich dann in ihnen eher so verhalten, wie man es gerne möchte, ohne von der Angst beherrscht zu werden. Schafft man es, sich vor oder in schwierigen Situationen zu entspannen, dann wird man sich in diesen Situationen wohler fühlen und sicherer und überlegter handeln. Man wird flexibler reagieren und über das Spektrum der eigenen Fähigkeiten leichter verfügen können. In diesem Sinne kann das willentliche Entspannen gezielt als eine Technik eingesetzt werden, um mit schwierigen Situationen und Anforderungen besser zurechtzukommen. Jeder einzelne hat somit die Möglichkeit, das ewige Vermeiden oder »Aus-dem-Weg-Gehen« schwieriger Alltagssituationen abzubauen. In der Folge kommt es zu Erfolgserlebnissen, die die eigene Selbstsicherheit dauerhaft stärken können.

- **Entspannung erlaubt die Beendigung unangenehmer Zustände**

Aus dem bisher Gesagten ist deutlich geworden, daß Entspannung gezielt als ein Mittel zur Beendigung unangenehmer Gedanken und Gefühle eingesetzt werden kann: Jeder von uns kennt z.B. die störenden Grübeleien und Selbstzweifel, die prompt dann auftauchen, wenn wir am Schreibtisch sitzen und uns mit einer schriftlichen Ausarbeitung herumplagen. Die Aufmerksamkeit rutscht weg, die Konzentration flattert davon, Mißbehagen und Sorgen schieben sich durchs Hirn. (»Das hat wieder nicht geklappt?« »Das hätte ich anders machen sollen!« »Werde ich morgen alles auf die Reihe kriegen?«) – Wenn wir in solche unangenehmen Zustände geraten (vor dem Einschlafen kann das auch vorkommen) und wenn wir uns dieser Zustände dann auch bewußt sind, können wir die Entspannung einsetzen und gezielt nutzen: Die Entspannungsreaktionen führen zu einer Unterbrechung des unangenehmen Gefühls-, Gedanken- oder Handlungsablaufes. Der negative Zustand wird gestoppt und durch einen positiven (Entspannung) ersetzt.

- Regelmäßige Entspannungsübungen führen zu einer andauernden Senkung des Erregungsniveaus und der Angstbereitschaft

Manche Menschen reagieren schneller und heftiger als andere auf die Reize der Umwelt. Die Eindrücke der Außenwelt »drücken sich tiefer ein«. Diese Menschen können viel seltener als andere sagen: »Das läßt mich kalt!« Bei ihnen liegt ein erhöhtes Erregungsniveau vor, das sich bereits verfestigt hat. Ihr Nervenkostüm ist gewissermaßen ständig etwas angespannt. Aufgrund eines solchen permanent überhöhten Erregungszustandes kann eine größere Angstbereitschaft ausgebildet sein, d.h., die Personen reagieren in ihren alltäglichen Lebenszusammenhängen mit mehr Vorsicht und Ängstlichkeit. Kleine zusätzliche Belastungen führen dann zu noch höherer Erregung – die Betreffenden sind dann kaum noch in der Lage, zusätzliche Anforderungen angemessen zu verarbeiten. Der überhöhte Erregungszustand drückt sich vielfach auch in verschiedenen körperlichen Symptomen aus wie z.B. Schwitzen, beschleunigter Puls, hoher Blutdruck, Magendrücken, gestörte Verdauung, Zittern usw. Dabei reagiert jeder Mensch anders: Dem einen drückt die Angst auf den Magen, dem anderen schlägt das Herz bis zum Halse. Die körperliche »Schwachstelle« eines Dritten zeigt sich immer wieder in stechenden Kopfschmerzen. Chronische Übererregtheit führt also auch zu einer ständigen Überbeanspruchung und Reizung des belasteten Organs.

Regelmäßiges Üben wirkt der überhöhten Erregung entgegen, führt zu einer dauerhaften Senkung des Erregungsniveaus und damit auch zu einer Verringerung der Tendenz, auf neue Reize mit Angst zu reagieren.

2. Theoretische Grundlagen zum Thema Entspannung

● Wechselwirkung Körper – Seele

Sorgen liegen quer im Magen, Angst schnürt die Kehle zu, Mutlosigkeit läßt die Schultern hängen, Wut knirscht böse mit den Zähnen. – Die Seele hinterläßt ihre Spuren im Körper. Aber auch anders herum funktioniert es: Mit der Art, wie wir den Körper halten und bewegen, können wir unsere Gefühle und Gedanken beeinflussen. Wenn wir ruhig durchatmen, schwindet z.B. ein plötzlich aufkommendes Unbehagen, wenn wir den Blick schweifen lassen oder mit erhobenem Kopf laufen, fühlen wir uns freier. Ja, halten wir uns aufrecht, so fühlen wir uns merklich sicherer, und eine innere Kraft ist zu spüren: die »Seele« wächst – unser positives Körpererleben wirkt auf unsere allgemeine Befindlichkeit ein.

● Prozesse beeinflussen lernen, die bisher außerhalb unserer Steuerungsmöglichkeit lagen

Mit unserem Gehirn, dem sogenannten »zentralen Nervensystem«, können wir viele Körperprozesse direkt steuern: z.B. unterliegt es unserem Willen, welche Bewegungen wir ausführen und wie schnell wir atmen. Auf andere Körperprozesse haben wir hingegen in der Regel keinen willentlichen Zugriff, sie werden vom »autonomen Nervensystem« gesteuert: z.B. der Herzschlag, der Blutdruck, die Schweißsekretion oder die Tätigkeit des Verdauungstraktes. Allerdings ist es möglich, auf diese Prozesse Einfluß zu nehmen – durch z.B. Entspannungsverfahren.

● Das parasympathische Nervensystem aktivieren

Das autonome Nervensystem besteht aus zwei Teilsystemen, dem »sympathischen« und dem »parasympathischen« Nervensystem. Das erste steuert die Alarmbereitschaft des Körpers, seine auf Arbeit und

Leistung, Flucht und Kampf ausgerichtete Reaktionsbereitschaft, führt also – vereinfacht gesprochen – zur Aktivierung und Anspannung und kann eine Erregungssteigerung bewirken, die sich bis hin zu Streß und Angst aufschaukelt. Das »parasympathische« Nervensystem hingegen wirkt dämpfend auf die unwillkürlichen Körperprozesse und die Funktionen der Organe ein: Die Atmung beruhigt sich, der Herzschlag wird ruhiger, die Muskelspannung nimmt ab, die Gefäße erweitern sich, der Sauerstoffverbrauch wird geringer. Gelingt es uns, das parasympathische System zu aktivieren (das können wir durch Entspannungsverfahren erreichen), wird damit der Aktivierungsgrad des sympathischen Systems gemindert: Entspannung dämpft also die Wirkung des sympathischen Nervensystems, wirkt dem Streß und der Angst entgegen, normalisiert die Erregungsprozesse (wie z.B. die unruhige Atmung und das jagende Herz) und führt insgesamt zu einer seelisch-geistigen Beruhigung und Ausgeglichenheit.

● Typische Merkmale von Entspannung

Der Zustand der Entspannung ist gekennzeichnet durch eine Reihe physiologischer Veränderungen: So ist z.B. der Spannungszustand der Skelettmuskulatur deutlich gesenkt (Tonusverlust), eine Erweiterung der Blutgefäße in den Körperextremitäten findet statt, wodurch dort eine verstärkte Durchblutung möglich wird (als Kribbeln oder Wärmegefühl in den Händen oder Füßen spürbar), und es liegt eine größere Gleichmäßigkeit des Atemrhythmus mit Verringerung der Atmungshäufigkeit und längeren Pausen zwischen der Ein- und Ausatmungsphase vor, damit einhergehend eine Abnahme des Sauerstoffverbrauchs durch Senkung des Gasaustausches im Organismus sowie sinkende Herzfrequenz (bedingt durch die Tatsache, daß der Organismus weniger Energie benötigt). Diese physiologischen Veränderungen können erfaßt werden mit Hilfe zweier bekannter Meßverfahren: So zeigt sich bei der Messung des Hautwiderstandes (psychogalvanische Reaktionen, PGR) in entspanntem Zustand ein größerer Hautwiderstand; die Meßwerte für den durchfließenden Strom sinken, weil die Haut weniger feucht ist. Bei der Messung der Hirnströme mit der Elektroencephalographie (EEG) kommt es zu einer typischen Veränderung der EEG-Kennwerte: Dies zeigt sich in der sinkenden Frequenz der Hirnstromwellen im sogenannten Alphabereich (8–12 Hertz) und – je nach Tiefe der Entspannung – auch im Ausmaß der Stärke der Hirnströme (Amplitudenveränderungen).

Neben diesen physiologischen Veränderungen sind auch die psychischen Veränderungen, die sich durch Entspannung einstellen, vielfach beschrieben und untersucht worden: Sie sind in ihrer positiven Bedeutung von jedem Menschen erlebbar und werden beschrieben als Gefühle körperlicher und seelisch-geistiger Gelöstheit, als Erlebnis von Ruhe und Gelassenheit, Gleichmaß und »innerem Frieden«. Während der Übung verlieren Außenreize zunehmend an Bedeutung, Außengeräusche werden z.B. überhört, Zeitgefühl und Körperschema verändern sich. Ein Gewahrwerden innerer Kraft und Stärke stellt sich ein und nach dem gelungenen Entspannen ein Gefühl von Erholung und geistiger Frische sowie ein allgemeines Gefühl positiver Gestimmtheit.

- Die Effektivität der Progressiven Muskelentspannung nach Jacobson ist wissenschaftlich belegt

Die Progressive Muskelentspannung zählt lange nicht mehr nur in den anglo-amerikanischen Ländern zu den bekanntesten und am weitesten verbreiteten Entspannungsverfahren. Gerade in Europa hat sie in den letzten zwei Jahrzehnten eine große Bedeutung erlangt, und zwar in Verbindung mit der mittlerweile gesicherten Etablierung der Verhaltenstherapie im Rahmen der psychosozialen Versorgung: Die für ihre wissenschaftliche Fundierung besonders bekannte Verhaltenstherapie verwendet die Progressive Muskelentspannung seit langem als eine ihrer Basismethoden – hat sie sich doch als leicht erlernbares Verfahren in sehr unterschiedlichen Anwendungsfeldern bewährt. So konnte ihre Wirksamkeit in vielen wissenschaftlichen Untersuchungen nachgewiesen werden, sowohl bei streßbedingten Störungen als auch bei sogenannten neurotischen Symptomen, z.B. bei Herz-Kreislauferkrankungen, Magen-Darmstörungen, Hauterkrankungen, Störungen der Atmungswege, Kopfschmerzen, Schlafstörungen, bei Lern- und Leistungsstörungen und Angstzuständen (vgl. die Literaturangaben am Ende dieses Kapitels).

3. Grenzen eines Entspannungstrainings

- Das Entspannungstraining ist kein Therapieersatz

Ein Entspannungstraining ersetzt keine Psychotherapie! Wer immer wieder in längerwährende Probleme mit sich und seinem Leben gerät, wer mit seinem Schicksal hadert und sich hilflos fühlt, der braucht mehr Unterstützung, als ein Entspannungstraining zu geben vermag. Vielleicht hat dieser Mensch bereits mit dem Gedanken gespielt, sich in eine psychotherapeutische Beratung oder Behandlung zu begeben. Vielleicht ist ihm dies bereits von fachkundiger Seite empfohlen worden. Auf jeden Fall wäre es dann gut, sich die Chance zu einer derartig breit angelegten Problemklärung nicht entgehen zu lassen. Psychotherapie sollte dann als ein umfassenderer Ansatz gewählt werden, der den Menschen auf seinem Weg zu einer Selbstveränderung hilfreich unterstützt! – Bestehen bereits Kontakte zu einem Therapeuten oder Berater, so kann mit diesem geklärt werden, ob ein Entspannungstraining als zusätzliche Maßnahme sinnvoll ist.

- Ein Entspannungstraining ändert nichts am Fortbestehen gesundheitshemmender Lebensbedingungen

Man kann krankmachenden Lebensbedingungen, die einer körperlichen und seelischen Gesundheit entgegenstehen, nicht mit einem Entspannungstraining begegnen! Vielfach tut es not, direkt auf die ungünstigen Lebens- und Arbeitsverhältnisse einzuwirken und zu versuchen, diese direkt zu modifizieren. Der alleinige Einsatz eines Entspannungstrainings käme in einem solchen Fall dem unsinnigen Versuch gleich, sich in einem warmen Bade wohlig entspannen zu wollen, wenn gleichzeitig Preßlufthämmer ringsum die Wohnung erschüttern lassen.

- Personen mit akuten körperlichen Beschwerden bzw. Krankheiten sollten vor dem Einsatz des Entspannungstrainings ärztlichen Rat einholen

Körperliche Beschwerden bedürfen einer fachkundigen Abklärung, Ursachen, die möglicherweise im organischen Bereich liegen, sollten dabei ärztlicherseits diagnostiziert und – soweit dies möglich und indiziert ist – behandelt werden. Ein Entspannungsverfahren sich selbst verordnen zu wollen, gewissermaßen in Eigenregie, ohne die Ursachen der körperlichen Beschwerden zu kennen, ist wenig sinnvoll. Halten Sie also Rücksprache mit Ihrem Arzt, wenn Ihnen körperliche Beschwerden zu schaffen machen. Klären Sie, ob das Entspannungsverfahren für Sie geeignet ist bzw. welche der einzelnen Übungen empfehlenswert sind.

- Starke Irritationen während des Entspannungstrainings können eine Beendigung der Übungen nahelegen

Kommt es beim Entspannen über die Anfangsphase hinaus zu Reaktionen wie Herzrasen, Schweißausbrüchen, Zittern, Ohnmachtsgefühlen, unerklärlichen Schmerzzuständen oder zu der Angst, die Kontrolle über sich verlieren zu können, so ist das Entspannungsverfahren als Selbsttrainingsmethode nicht geeignet. Gespräche mit einem Fachmann/einer Fachfrau können klären helfen, ob die Methode unter fachkundiger Anleitung durchgeführt werden kann.

Literatur

Bernstein, D./Berkovec, T.: Entspannungs-Training. Handbuch der progressiven Muskelentspannung. Pfeiffer, München [5]1990

Brenner, H.: Das große Buch der Entspannungstechniken. Humboldt, München 1989

Florin, I.: Entspannung – Desensibilisierung. Kohlhammer, Stuttgart 1978

Florin, I./Tunner, W. (Hrsg.): Therapie der Angst. Urban & Schwarzenberg, München 1975

Höfler, R./ Kattenbeck, M.: Klinische Anwendungen der progressiven Relaxation. In: Bernstein, D., Berkovec, T., a.a.O.

Jacobson, E.: Entspannung als Therapie. Progressive Muskelentspannung in Theorie und Praxis. Pfeiffer, München 1990

Langen, D.: Formen der Selbstversenkung. Zeitschrift für Psychotherapie und medizinische Psychologie 30 (1980), S. 139–173

Ohm, D.: Progressive Relaxation. Überblick über Anwendungsbereiche, Praxiserfahrungen und neuere Forschungsergebnisse. Report Psychologie (Zeitschrift des Berufsverbandes Deutscher Psychologen, 17. Jahrgang), 1/ 1992, S. 27–43

Peter, B./ Gerl, W.: Entspannung. Muskelentspannung, Autogenes Training und Meditation. Goldmann, München 1983

Stokvis, B./ Wiesenhütter, E.: Lehrbuch der Entspannung. Hyppokrates-Verlag, Stuttgart [4]1979

Vaitl, D.: Psychophysiologie der Entspannung. In: Vaitl, D., Petermann, F. (Hrsg.): Handbuch der Entspannungsverfahren, Bd. 1: Grundlagen und Methoden. Psychologie Verlags Union, Weinheim 1993, S. 25–63

Die Progressive Muskelentspannung: Lernprogramm und Anwendung im Alltag

Der folgende Teil stellt das Kernstück des Buches dar: Es wird die Progressive Muskelentspannung von Jacobson, eine der bekanntesten Entspannungsmethoden, vorgestellt. Im Programm I wird ausführlich erläutert, wie die Entspannungsfähigkeit erworben werden kann. Im Programm II wird vermittelt, wie sich die Fähigkeit zum Entspannen in alltägliche Lebenssituationen integrieren läßt.

Programm I
Das Erlernen der Progressiven Muskelentspannung

(bearbeitete Fassung des Jacobson-Entspannungstrainings)

Zur Durchführung

- Das Programm I ist der Ausgangspunkt für die in diesem Buch vorgestellte Arbeit mit Entspannung.
- Es bedarf keiner besonderen Vorerfahrungen, um die im folgenden beschriebenen Entspannungsübungen zu erlernen.

Zum Inhalt

Es wird die Progressive Muskelentspannung von Jacobson, eine der bekanntesten Entspannungsmethoden, vorgestellt. Sie liegt in einer vom Autor bearbeiteten Fassung vor, die in der Praxis langjährig erprobt wurde und die hier im Buch mit Programm I bezeichnet wird. Dieses Entspannungsprogramm ist in sechs Trainingsteile untergliedert. Die Anleitungsbögen (zur Selbst- oder Fremdinstruktion) werden in anschaulicher Weise präsentiert und durch ausführliche Durchführungshinweise ergänzt.

1. Einführung

Die Entspannungsmethode, die im folgenden beschrieben wird, ist eine gekürzte und überarbeitete Fassung der »Progressiven Muskelentspannungsmethode« von Edmund Jacobson (1938). Sie wird seit Jahrzehnten sehr erfolgreich in unterschiedlichen Bereichen der psychosozialen Arbeit und bei sehr verschiedenartigen Problemlagen und Schwierigkeiten eingesetzt.

Mit Hilfe dieser Methode können Sie lernen, sich willentlich zu entspannen und zu einem angenehmen körperlichen und seelischen Zustand zu gelangen. Dabei lassen sich innere Unruhe und Nervosität sowie Unsicherheiten und Ängste abbauen. Dies kann schrittweise erreicht werden, indem Sie sehr einfache körperliche Übungen durchführen, die von jedermann zu bewältigen sind und die keine besonderen Vorkenntnisse erfordern: Es geht darum, einzelne Muskelpartien zuerst anzuspannen, sie willentlich »fest« zu machen und sie dann zu lösen, sie zu entspannen. So wird z.B. die rechte Hand zur Faust geballt, wobei auf die Spannungsgefühle zu achten ist, um dann mit einem Mal die Hand zu lockern, sie wieder entspannt zu halten, wobei dem Abklingen der Verspannungen nachzuspüren ist. Im Kontrast zur vorausgegangenen Anspannung stellt sich ein deutlich wahrnehmbares Gefühl für Entspannung ein, das Sie allmählich immer besser selbst herzustellen und zu spüren lernen. Am Ende dieser Übungen sind Sie in der Lage, ohne vorherige Anspannung einzelner Muskelgruppen, sich willentlich zu entspannen.

Das Entspannungstraining von Jacobson ist in der vorliegenden Bearbeitung zu sechs Übungsteilen zusammengefaßt. Jeder Teil ist innerhalb einer Woche erlernbar. Das Fortschreiten von einem Übungsteil zum nächsten sollte erst dann erfolgen, wenn die bereits durchgeführten Übungen in ihren Grundlagen beherrscht werden. Für das gesamte Programm I ergibt sich somit eine Lerndauer von sechs bis acht Wochen. Dazu ist es allerdings notwendig, daß Sie die Übungen zu Hause täglich mindestens zweimal für 10 bis 15 Minuten durchführen.

Abfolge der sechs Trainingsteile:

1. Entspannung der Hände und Arme;
2. Entspannung von Gesicht, Nacken, Schultern und oberem Rücken;
3. Entspannung von Brust, Bauch, Po, Beinen und Füßen sowie Entspannung des ganzen Körpers;
4. Zusammenstellung von Entspannungsübungen aus den Trainingsteilen 1 bis 3 (Potpourri);
5. Kurz-Entspannung (gleichzeitige Anspannung mehrerer Muskelgruppen);
6. Gesamt-Entspannung (ohne Anspannungsphasen).

Bevor der Text für die einzelnen Übungsteile wiedergegeben wird, geht es in den beiden nächsten Abschnitten erst einmal um grundlegende

Hinweise für die Durchführung des Trainings. Diese Hinweise gelten für alle sechs Trainingsteile.

2. *Sitzhaltung*

Die Entspannungsübungen sollen auf einem Stuhl durchgeführt werden. Es kann ein ganz einfaches Exemplar ohne Armlehnen sein. Ein stabiler Stuhl ist besser als ein wackliger. Ein nach hinten geneigter Sessel eignet sich ebensowenig wie ein Drehstuhl. Der Stuhl sollte eine normal aufrechte Position haben und fest auf vier Beinen stehen: Auf diese Weise üben Sie in einer Sitzhaltung, die Sie im Alltag immer wieder vorfinden werden. Die Entspannungsfähigkeit, die Sie bei aufrechter Sitzhaltung erworben haben, werden Sie dann in alltäglichen Lebenssituationen leicht auf die unterschiedlichsten Sitzmöbel übertragen können und bei den unterschiedlichsten »Sitzanlässen« produzieren. (Wenn Sie hingegen die Entspannungsfähigkeit an die Position »Liegen« koppeln würden, hätten Sie bedeutend weniger Anlässe, sie im Alltag zu aktivieren. Sie können ja in brenzligen Situationen nicht plötzlich Ihre Decke ausbreiten und sich zu einer kurzen Entspannungsübung auf den Boden legen.)

Die Fläche Ihres Übungsstuhls sollte nicht drücken, die Rückenlehne nicht kantig sein. Setzen Sie sich locker auf den Stuhl, so daß Sie nicht zu steil, nicht zu aufrecht, aber auch nicht zu weit mit dem Po nach vorne sitzen. Die Unterschenkel sollten senkrecht stehen, die Füße in einem Winkel von ca. 45° zueinander, wobei beide Fußsohlen den Boden berühren sollten. Dabei kann es hilfreich sein, zu enge Schuhe auszuziehen und gegebenenfalls den Knopf der Bluse oder des Hemdes zu öffnen bzw. den Schlips zu lockern. Der Gürtel oder Hosenbund sollte nicht drücken! Die Hände liegen locker auf den Oberschenkeln mit den Handflächen nach unten, ohne daß die Finger der einen Hand die der anderen berühren. Und achten Sie darauf, daß Sie eine angenehme Stellung für die Kopfhaltung finden. Durch leichte Kopfbewegungen zu Übungsbeginn können Sie die richtige Position erspüren.

Die richtige Sitzposition für Ihre Entspannungsübungen ist in der Abbildung wiedergegeben.

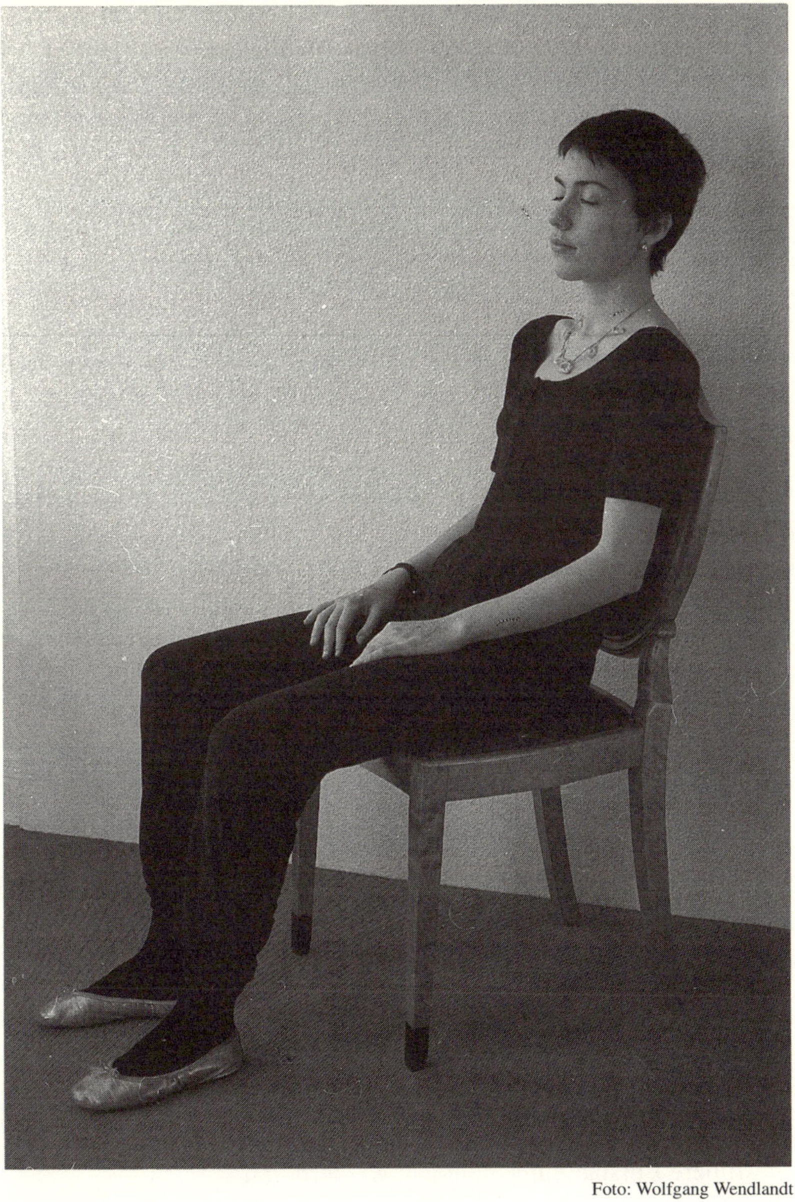

Foto: Wolfgang Wendlandt

Sitzhaltung bei der Progressiven Muskelentspannung

3. *Durchführungshinweise*

Wer das Entspannungstraining erlernen möchte, sollte die folgenden Hinweise berücksichtigen, die für alle Übungen in den unten folgenden sechs Trainingsteilen gelten:

- Regelmäßig üben

Wer flinke Läufe auf dem Klavier beherrschen will, kann auf tägliche Fingerübungen nicht verzichten. Wer das Schreibmaschinen-Schreiben erlernen möchte, muß zu Hause eine Tastatur zum Üben haben. Regelmäßige Übungen sind auch unerläßlich, um eine gute Entspannungsfähigkeit zu erlernen und um sie schnell und gezielt einsetzen zu können. Nur durch ein tägliches Training (anfangs täglich zwei Übungsphasen) läßt sich die körperliche Entspannung »verinnerlichen«: Erst wenn die Entspannungsfähigkeit »automatisiert« ist, kann sie auch in schwierigen Alltagssituationen verfügbar werden. Außerdem führt, wie oben schon beschrieben, erst ein regelmäßiges Praktizieren der Entspannung zu einem generellen Absinken von Unruhe und Angstbereitschaft.

Also: Die beiden Übungsphasen sollten, mit einigen Stunden Zwischenraum, in ruhiger Umgebung, am besten zu gleichbleibenden Zeiten und an gleichbleibenden Orten, durchgeführt werden. Dazu könnten Sie sich einen bequemen Stuhl zum »Entspannungsstuhl« machen: Auf ihm verbringen Sie zweimal täglich für 10 bis 15 Minuten (später wenn Sie wollen auch 20 Minuten) die »schönsten Stunden des Lebens«. Dabei macht es nichts, wenn Sie anfangs eine Übungsphase früher als vorgesehen beenden (z.B. schon nach fünf Minuten). Es kommt häufiger in der Lernphase vor, daß ein längeres ruhiges Sitzen »kribbelig« macht und noch nicht gelingen will. Dehnen Sie dann allmählich die Übungszeiten aus. Sie werden sich schnell an das Stillsitzen und Zu-sich-Kommen gewöhnen.

- Die Übungsteile nacheinander trainieren;
  frühere Entspannungsübungen wiederholen

Erst wenn Sie den Teil 1 der Progressiven Muskelentspannung erlernt haben, sollten Sie das Training mit dem Teil 2 fortsetzen. Die Grundzüge einer Übung müssen beherrscht werden, bevor Sie zusätzliche Lernanforderungen auf sich nehmen.

Während Sie Erfahrungen mit einem neuen Übungsteil sammeln, ist es ratsam, die Übungen des vorausgegangenen Trainingsteils ab und zu zu wiederholen, so daß Sie zu einer Vertiefung der Entspannungsfähigkeit bei den entsprechenden Muskelpartien kommen: Das heißt z.B., daß Sie in der dritten Woche des Entspannungstrainings (wenn der Teil 3 ansteht) ab und zu eine der beiden täglichen Übungen darauf verwenden, entweder den Teil 1 oder den Teil 2 der Progressiven Muskelentspannung durchzuführen. Auch später bietet es sich immer wieder einmal an, durch Übungswiederholungen die Sensibilität für die jeweiligen Körperpartien aufzufrischen bzw. zu vertiefen.

- Entspannungsgrad in einem Diagramm eintragen

Das Erlernen des Entspannungstrainings läßt sich in hervorragender Weise dadurch unterstützen, daß unmittelbar nach jeder Übung die Tiefe der erzielten Entspannung von 1 bis 5 eingeschätzt wird: »1« bedeutet »wenig entspannt«, »3« bedeutet »mittel«, und »5« bedeutet »sehr entspannt«. Legen Sie dazu, für jeden Übungsteil, ein Diagramm nach dem unten aufgeführten Muster an: Die dem jeweiligen Entspannungsgrad entsprechende Zahl ist für jeden Übungsdurchgang anzukreuzen; das Datum ist einzutragen (siehe unten). Mit Hilfe dieses Verfahrens werden Sie schon sehr bald ein gutes Empfinden für Ihre jeweils aktuelle Entspannungstiefe entwickeln und auch in Alltagssituationen eine zunehmend differenziertere Einschätzung des momentanen Spannungsgrades vornehmen können.

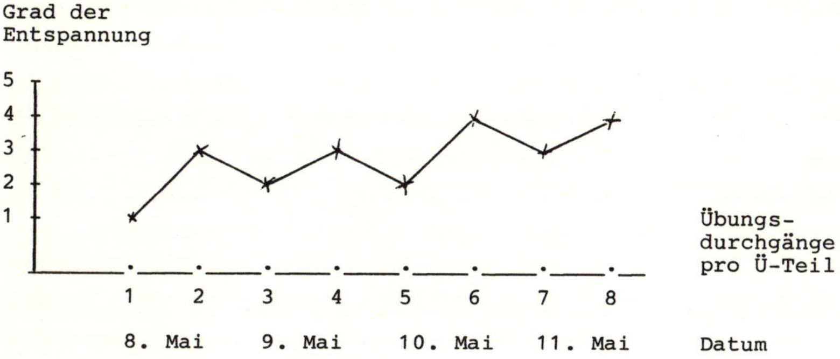

● Die richtige Sitzposition bzw. Körperhaltung einnehmen

Die richtige Sitzhaltung ist das A und O beim Entspannen: Sie müssen wirklich locker im Stuhl sitzen, nicht zu steil, aber auch nicht zu weit mit dem Po nach vorne gerutscht. In Punkt 2 dieses Kapitels finden Sie eine Abbildung und eine genaue Beschreibung der optimalen Sitzposition. Besonders am Anfang, wenn sie mit dem Erlernen der Progressiven Muskelentspannung beginnen, ist es wichtig, die eigene Haltung öfter zu kontrollieren. Ein großer Spiegel kann da gute Dienste leisten.

● Die Anspannung nicht übertreiben

Die Anspannungsphasen dienen nicht dem Krafttraining! Oft sind es Männer, die zwischen den Entspannungsphasen so kräftig anspannen, daß sie z.B. mit den Armen oder Beinen zu zittern beginnen oder daß die Fingernägel tief in den Handballen einschneiden. Aber auch bei energischen Frauen beginnen manchmal die Augen oder die Kiefermuskeln zu schmerzen. Nein, nein! Schön zart! Nicht zu doll anspannen – es dürfen keine Schmerzen auftreten. Die jeweilige Muskelpartie soll lediglich deutlich zu spüren sein.

● Bei der Anspannung einer Muskelpartie bleibt der restliche Körper entspannt

In den Anspannungsphasen soll nur diejenige Muskelpartie angespannt werden, die gerade benannt wird! Kleinere Verspannungen, die sich oft ganz unwillkürlich in anderen Muskelpartien einstellen, sind zu lockern. Wenn es z.B. um das Anspannen der Oberarmmuskeln geht, dann darf sich keine Härte in der Bauchdecke einschleichen, wenn es um die Anspannung der Kiefermuskeln geht, müssen Augen- und Stirnpartie locker bleiben. Achten Sie also darauf, daß der restliche Körper in der Anspannungsphase immer so entspannt wie möglich bleibt. Die Atmung geht auch beim Anspannen immer ruhig und gleichmäßig ein und aus. Nur beim Teil 3 der Progressiven Muskelentspannung (Anspannung von Brust und Bauch) kann die Atmung angehalten werden. Wenn Sie dieses Prinzip berücksichtigen, werden Sie die Fähigkeit erwerben, nicht nur global den ganzen Körper, sondern auch sehr gezielt einzelne Muskelpartien in ihrer Angespanntheit wahrzunehmen und zu lösen.

- Auf das richtige Verhältnis von Anspannung und Entspannung achten

Die Entspannungsphase soll mindestens dreimal so lange andauern wie die vorausgegangene Anspannungsphase. Das heißt: Nicht länger als maximal 10 Sekunden anspannen, dann etwa 30 Sekunden entspannen. In der Anfangszeit kann es durchaus hilfreich sein, die Entspannungsphasen noch länger auszudehnen: Im Trainingsablauf soll immer erst dann fortgefahren werden, wenn keine Spannung mehr in der gerade angespannten Muskulatur wahrgenommen wird. (Das kann bedeuten, daß die Entspannungsphase manchmal vier- bis fünfmal so lange dauern muß wie die Anspannungsphase.)

- Langsam Sprechen

Lassen Sie Ihre Stimme bei den Entspannungsanweisungen ruhig und entspannt klingen – das erleichtert es, in die Entspannung hineinzukommen. Stellen Sie sich vor, Ihr Sprechen bewege sich leicht und weich wie eine Feder dahin.

Wenn Sie sich selbst die Anweisungen geben, können Sie anfangs den Text ablesen – Sie werden ihn bald in seinen Grundzügen auswendig beherrschen. Dann können Sie sich (am besten mit geschlossenen Augen) den Text innerlich sprechend selbst vorsagen (aktive Selbstanweisung ist notwendig!).

- Gegebenenfalls Anspannungsphase verlängern

Wenn es Ihnen schwerfallen sollte, bestimmte Partien intensiv wahrzunehmen bzw. zu entspannen, dann können Sie versuchen, die Anspannungsphase bei dieser Muskelpartie etwas zu verlängern oder die Spannung stärker auszuführen, so daß beim »Hineinspüren« ein intensiveres Erleben möglich wird. Oder Sie wiederholen bei einer Muskelpartie mehrfach (öfter als im Anleitungstext vorgegeben) die Phasen des Anspannens und Entspannens.

- Phantasie und Vorstellungskraft nutzen

Durch Phantasie und Vorstellungskraft läßt sich die Wirkung des Entspannungstrainings noch steigern: Bereichern Sie die vorgegebenen Texte in den sechs Übungsteilen durch Vorstellungsbilder und anschauliche Formulierungen. Sie können sich dabei an den folgenden Beispielen orientieren:

Haltung und Sitzposition:
»Der Stuhl gibt mir Halt«, »Ich spüre, wie mich der Stuhl trägt«, »Ich spüre das Gewicht des Körpers auf dem Stuhl«.

Berührungsflächen:
»Ich spüre die Berührungsfläche des Rückens mit dem Stuhl ..., spüre Po und Stuhl ..., spüre die Fußsohlen am Boden«, »Ich konzentriere mich ganz auf die Auflageflächen der Hände auf den Oberschenkeln«.

Taktile Reize:
»Ich fühle den Stoff unter meinen Fingern«, »Die Fingerkuppen erspüren das rauhe Gewebe der Armlehne«, »Ich fühle den sanften Druck des geschlossenen Schuhs um meinen Fuß«, »Ich spüre die Hosenbeine, die meine Oberschenkel umspannen«, »Das Hemd liegt kühl und glatt auf meiner Brust«.

Wärme:
»Die Hände sind wie von warmen Handschuhen umhüllt«, »Ein weiches Fell liegt über meinen Schultern«, »Ich spüre die Wärme auf meinem Bauch – wie von einer wohligen Wärmflasche«.

Körperschema:
»Ich stelle mir vor: Ich gehe auf meiner Stirn spazieren, direkt am Haaransatz entlang, die Schläfe herab bis zur Höhe der Augenbrauen, folge dem Bogen der einen Augenbraue, überspringe die Nasenwurzel bis zum Bogen der anderen Augenbraue, wandere wieder aufwärts die andere Schläfe entlang bis zur Mitte des Haaransatzes und trippele dann, so als hätte ich einen Mittelscheitel, durch diese Haarfurche langsam hinab bis in den Nacken«, »Ich spüre den Zeigefinger, spüre ihn von der Handinnenfläche aufwärts bis zur Kuppe, umkreise den Finger, umkreise ihn mehrmals, spüre die Haut, wandere aufwärts, wandere abwärts, hin und her«.

- Sensibilisierung vor Entspannung

Bei Ihren Übungen sollten Sie nicht erwarten, ständig und immer zu einem tiefen Gefühl der Entspannung gelangen zu müssen. Entspannung läßt sich nicht erzwingen! Worauf Sie sich allerdings konzentrieren können, wenn das Entspannungserleben einmal nicht so intensiv ist, ist das Wahrnehmen Ihres Körperzustandes: Konzentrieren Sie sich genau auf die Empfindungen in den jeweiligen Muskelpartien. Es muß ja nicht immer Entspannung sein, was sich da fühlen läßt! Wichtig ist, daß Sie überhaupt hineinspüren und zunehmend sensibler werden in Ihrer Empfindungsfähigkeit für Ihren Körper. (Das Programm IV gibt detaillierte Hilfestellungen, wie Sie – auch in Alltagssituationen – zu einer immer besseren Körperwahrnehmung kommen können.)

- Übungseinheit aktiv beenden

Beenden Sie die Entspannungsübungen immer durch eine aktive »Rücknahme«, eine Anweisung, die Sie deutlich erteilen: »Ich zähle rückwärts von 4 bis 1 und fühle mich bei 1 wieder frisch und munter, wie nach einem guten Schlaf!«

Strecken Sie sich nach dem Entspannen, spreizen Sie die Finger, bewegen Sie den Kopf. Stehen Sie am besten auf und schütteln Sie die Glieder aus.

- Bei akuten Körperbeschwerden Übungsteile auslassen

Auf eine Selbstverständlichkeit soll hier abschließend hingewiesen werden: Wenn Sie Zahnschmerzen haben oder sich beim Zahnarzt gerade Kronen anpassen lassen, dann ist es sinnvoll, denjenigen Übungsteil der Progressiven Muskelentspannung auszulassen, bei dem es um das Anspannen der Kiefermuskulatur durch kräftiges Aufeinanderbeißen der Zähne geht. Entsprechend ist zu verfahren bei Schwangeren, die den Übungsteil »Pressen des Bauches« aussparen sollten oder bei Sportverletzten, die die verstauchten Gliedmaßen in Ruheposition belassen sollten.

4. Anleitungsbögen zum Entspannen: Trainingsteile 1 bis 6

E = Entspannung / S = Spannung (E etwa 3–5mal so lang wie S)

Trainingsteil 1

E Ich setze mich so bequem wie möglich. Ich entspanne mich so gut es geht … Ich spüre die Berührungsflächen Rücken und Stuhl …, Po und Stuhl …, spüre die Fußsohlen am Boden … Ich lasse alle Spannung aus mir abfließen.

S Jetzt balle ich die *rechte Hand* zur Faust, ich balle sie fester und fester und achte dabei auf die Spannung in der rechten Hand, im Unterarm. (Linkshänder beginnen mit der linken Hand!)

E Und nun entspanne ich die rechte Hand …, lasse die Finger der rechten Hand locker werden und beobachte den Unterschied zu vorher … Ich entspanne rechte Hand und Unterarm, lasse los, einfach los … und versuche im ganzen Körper zur Ruhe zu kommen …

S Noch einmal: Ich balle die *rechte Faust* ganz fest. Ich halte sie gespannt und beobachte die Spannung.

E Nun lasse ich wieder los, entspanne rechte Hand und Unterarm. Meine Finger sind geöffnet, die Hand liegt in der Ausgangsposition. Ich merke den Unterschied zu vorher, spüre, wie die Anspannung geringer wird …, wie sich rechte Hand und Unterarm immer mehr lockern …

S Jetzt mache ich das gleiche mit der *linken Hand*: Ich balle die linke Hand zur Faust, während der restliche Körper entspannt bleibt, ich balle die Faust fester und spüre die Spannung im Handrücken, in der Handinnenfläche, im linken Unterarm.

E Und nun entspanne ich wieder. Ich fühle den Unterschied zwischen Spannung und Entspannung … Die Finger der linken Hand werden locker, die Anspannung fließt ab, wird geringer …, immer geringer. Ich spüre die Finger, die Handinnenfläche, die Berührung der Hand mit dem Oberschenkel.

S Ich wiederhole es noch einmal: Ich spanne die *linke Faust* ganz fest, spüre die Spannung bis in den Unterarm hinein, spüre den Druck der Fingerkuppen in der Handinnenfläche.

E Und nun entspanne ich wieder. Ich fühle den Unterschied zu vorher ... Ich lasse linke Hand und Unterarm locker und entspannt werden ... Alle Spannung fließt ab. Ich spüre den linken Daumen ..., die linke Handinnenfläche ...

S Jetzt balle ich *beide Fäuste* (die Unterarme bleiben liegen!), balle sie fester und fester, spüre die Spannung in den Händen, in beiden Unterarmen.

E Und nun entspanne ich wieder. Meine Finger öffnen sich, rechte und linke Hand liegen locker in der Ausgangsposition ..., ich fühle das Nachlassen der Spannung in beiden Händen und Unterarmen ... Ich spüre den Stoff unter den Fingern.

S Jetzt winkele ich beide Arme an (Unterarme hochziehen an die Oberarme, ohne die Ellenbogen auszustellen), spanne die *Bizeps* (beide Hände zur Faust machen), fester und fester, und beobachte die Spannung.

E Nun lege ich die Arme wieder in die Ausgangsposition ..., entspanne sie ... und achte auf den Unterschied zu vorher ... Die Muskeln der Oberarme lockern sich, die Spannung wird geringer ..., immer geringer.

S Noch einmal: Ich winkele die Arme an und spanne meine *Bizeps*. Zur Unterstützung balle ich die Fäuste. Ich halte die Spannung und beobachte sie.

E Nun lege ich die Arme wieder in die Ausgangslage und entspanne sie ... Ich lasse die Oberarmmuskeln locker werden und spüre, wie die Anspannung nachläßt ... Ich entspanne mich so gut es geht ... Rechter und linker Arm locker und entspannt ..., beide Hände angenehm warm ... Ich achte jedesmal genau auf meine Empfindungen, einmal, wenn ich anspanne, und dann, wenn ich entspanne.

S Jetzt schiebe ich die Hände auf den Oberschenkeln bis zu den Knien, drehe die Handinnenflächen nach oben und drücke mit den

Handrücken fest gegen die Knie. Ich drücke so fest, daß ich deutlich die Spannung in den *Muskeln an der Unterseite der Oberarme* spüre (Sitzposition dabei nicht verändern, Bauch locker lassen, ruhig weiteratmen).

E Und nun entspanne ich wieder. Ich lege die Arme bequem in die Ausgangslage. Ich konzentriere mich ganz auf das Nachlassen der Spannung in den Oberarmen … Ich spüre, wie die Anspannung entweicht … Beide Arme hängen locker aus den Schultern, Oberarme und Unterarme entspannt … bis in die Fingerspitzen … Meine Arme fühlen sich angenehm warm an, während ich mich entspanne.

S Noch einmal: Ich strecke die Arme, Handinnenflächen nach oben, und drücke die Hände gegen die Knie, so daß ich die Spannung in den *Muskeln an der Rückseite der Oberarme* fühle. Ich drücke fest und fühle die Spannung.

E Und nun lasse ich wieder los. Ich spüre den Unterschied zu vorher … Ich konzentriere mich ganz auf das Nachlassen der Spannung in den Oberarmen …, ich entspanne sie weiter …, immer weiter …, die Oberarme …, die Unterarme …, die Hände …, spüre die Entspannung bis in die Fingerspitzen … Selbst wenn ich glaube, meine Arme seien nun völlig entspannt, ich versuche noch ein wenig weiterzugehen, ich versuche ein immer tieferes Gefühl der Entspannung zu erreichen … Die Entspannung breitet sich aus … Wärme in Händen und Armen … Ich genieße dieses angenehme Gefühl für ein Weilchen.

Und jetzt zähle ich langsam rückwärts von 4 bis 1. Bei 1 bin ich wieder wach und munter, wie nach einem guten Schlaf.

Trainingsteil 2

E Ich setze mich ruhig und bequem zurück … Ich lasse alle Muskeln locker und entspannt werden … Der Stuhl trägt mich …

S Jetzt hebe ich die Augenbrauen, so daß sich die *Stirne* in Falten legt, halte die Spannung fest, fester und fester.

E Und nun entspanne ich die Stirn. Ich lasse die Stirn locker und glatt werden … Ich beobachte, wie die Stirnhaut immer lockerer wird, je mehr ich mich entspanne …

S Noch einmal: *Stirn* in Falten legen, Augenbrauen ganz hochziehen! Ich spüre die Spannung bis in die Kopfhaut hinein.

E Und nun lasse ich wieder los. Die Kopfhaut entspannt … Ich spüre die Stirn …, lasse sie locker und glatt werden, spüre sie von einer Schläfe zur anderen …, von dem Haaransatz bis zu den Augenbrauen …

S Jetzt ziehe ich die *Augenbrauen* zusammen, so daß senkrechte Falten über der Nasenwurzel entstehen. Ich halte die Spannung fest und beobachte sie.

E Ich beende die Anspannung wieder. Ich lasse die Stirnhaut wieder ganz locker … Die Spannung entweicht …, Stirn und Augenpartie entspannen mehr und mehr …

S Jetzt ziehe ich noch einmal die *Augenbrauen* zusammen und beobachte die Anspannung.

E Nun lasse ich los, achte ganz genau auf das Nachlassen der Spannung …, achte auf den Unterschied zu vorher … Die Stirn wird locker und glatt … Die Spannung fließt ab …

S Jetzt kneife ich die *Augen* zusammen, halte sie fest geschlossen, ohne daß es schmerzt. Ich fühle die Spannung.

E Und nun entspanne ich die gesamte Augenpartie … Die Anspannung läßt nach … Ich halte die Augen ruhig und bequem geschlossen und beobachte die Entspannung …

S Jetzt beiße ich die Zähne fest aufeinander, ohne daß es schmerzt, und spanne die *Kiefermuskeln*. Ich beobachte die Spannung in der Kiefernmuskulatur bis in den Wangenbereich hinein.

E Nun entspanne ich Kiefermuskeln … und Wangen … Der Unterkiefer sinkt ein wenig herab … Ich lasse die Lippen leicht geöffnet … Kiefer- und Wangenmuskeln entspannen immer mehr … Ich genieße die Entspannung …

S Jetzt presse ich die *Zunge* fest gegen den Gaumen. Ich beobachte die Spannung in der Zunge und im Hals.

E Nun lasse ich die Zunge wieder locker und entspannt werden. Ich achte auf das Nachlassen der Spannung … Die Zunge liegt locker im Mund, der Hals ist entspannt.

S Jetzt spitze ich die *Lippen*, schiebe sie ganz nach vorn und presse sie fest aufeinander.

E Und nun lasse ich sie los. Der Unterkiefer sinkt ein wenig herab, der Mund ist leicht geöffnet … Die Anspannung entweicht …, der ganze Mundbereich entspannt … Die Lippen werden angenehm warm …

S Noch einmal: Ich spitze den Mund und presse die *Lippen* aufeinander … Ich beobachte die Spannung.

E Und nun entspanne ich die Lippen wieder. Ich beobachte den Unterschied zu vorher, beobachte das Nachlassen der Spannung … Mund leicht geöffnet …, Lippen locker und warm … Ich beobachte die Entspannung im ganzen Gesicht, an der Stirn …, an der Kopfhaut …, in der Augenpartie …, Entspannung in der Kiefermuskulatur …, den Wangen …, im Mundbereich …, an den Lippen …, der Zunge … und am Hals … Die Entspannung breitet sich immer weiter aus …

S Jetzt beobachte ich die *Nackenmuskeln.* Ich drücke den Kopf nach hinten in den Nacken. Ich beobachte die Spannung im Nacken- und Halsbereich. Dann richte ich den Kopf wieder auf und lege ihn ganz langsam auf die rechte Seite und beobachte dabei, wie die Spannung wechselt. Jetzt richte ich den Kopf auf und lege ihn ganz langsam auf die linke Seite und spüre dabei die Spannung. Nun richte ich den Kopf auf und beuge ihn nach vorne, presse das Kinn kräftig gegen die Brust.

E Nun bringe ich den Kopf wieder in die Ausgangsstellung, in eine bequeme Position. Ich beobachte das Nachlassen der Spannung im Nacken und Hals … Kopf, Nacken und oberer Rücken entspannen immer mehr … Ich lasse die Entspannung sich weiter ausbreiten …

S Jetzt ziehe ich die *Schultern* hoch, ganz hoch, bis zu den Ohren. Ich halte die Spannung.

E Nun lasse ich die Schultern fallen und beobachte das Nachlassen der Spannung … Die Arme hängen locker von den Schultern herab … Nacken und Schultern entspannen sich …

S Noch einmal: Ich ziehe die *Schultern* hoch, ganz fest, und lasse sie dann kreisen: Ich drehe sie nach vorn und zurück, lasse sie mehrmals kreisen mit deutlicher Bewegung. Ich beobachte die Spannung in den Schultern und im oberen Rücken.

E Nun lasse ich die Schultern fallen, lasse sie locker werden … Die Anspannung entweicht … Ich lasse die Entspannung sich in den Schultern tief ausbreiten, bis in die Rückenmuskeln … Ich entspanne Nacken und Hals …, Kiefernmuskeln und Mund …, Augenpartie und Stirn …, das gesamte Gesicht … Ich beobachte, wie eine große Entspannung sich ausbreitet und tiefer wird …, tiefer …, immer tiefer … Ich genieße dieses angenehme Gefühl für eine Weile …

Und jetzt zähle ich langsam rückwärts von 4 bis 1. Bei 1 bin ich wieder wach und munter, wie nach einem erfrischenden Schlaf.

Trainingsteil 3

E Ich entspanne meinen Körper so gut es geht. Ich beobachte das angenehme Gefühl, das mit der Entspannung einhergeht … Ich atme leicht und frei ein und aus … Ich beobachte, wie die Entspannung mit dem Ausatmen zunimmt … Während ich ausatme, fühle ich die Entspannung …

S Jetzt atme ich langsam und tief ein und fülle die Lungen, fülle sie ganz mit Luft. Dann halte ich den *Atem* an, halte ihn an ein ganzes Weilchen und achte auf die Spannung im Brustbereich.

E Nun lasse ich los. Bei jedem Ausatmen strömt die Luft ganz von selbst aus …, und der Brustkorb wird locker. Ich entspanne mich weiter und atme frei und ruhig … Ich beobachte die Entspannung und genieße sie …

S Während der restliche Körper so entspannt wie möglich bleibt, fülle ich noch einmal die Lungen langsam ganz voll mit Luft und halte den *Atem* an.

E So ist es gut! Ich atme wieder aus und beobachte die Erleichterung … Ich entspanne die Brust und lasse die Entspannung sich weiterhin ausbreiten … über Rücken …, Schultern …, Nacken …, Arme … Ich lasse einfach los und genieße die Entspannung …

S Jetzt beobachte ich die *Bauchmuskeln.* Ich spanne die Bauchmuskeln, mache die Bauchdecke ganz hart. Ich beobachte die Spannung.

E Nun entspanne ich wieder. Ich lasse den Bauch locker werden und beobachte den Unterschied. Ich spüre, wie die Spannung in der Bauchdecke immer geringer wird … Ich atme normal und leicht und spüre dabei das angenehme Gefühl, das über Brust und Bauch läuft …

S Jetzt ziehe ich den *Bauch* ein und halte die Spannung fest. Jetzt drücke ich den Bauch nach außen, halte die Spannung fest. Ich ziehe den Bauch noch einmal ein und fühle die Spannung.

E Und nun entspanne ich die Bauchmuskeln völlig … Die Spannung fließt ab …, verschwindet mehr und mehr … Jedesmal, wenn ich ausatme, beobachte ich die rhythmische Entspannung in den Lungen …, in der Brust …, im Bauch … Ich beobachte dabei, wie Brust und Bauch mehr und mehr entspannen … Ich versuche, alle Spannungen in meinem Körper zu lockern …

S Jetzt spanne ich das *Gesäß* und die *Oberschenkel.* Ich spüre die Spannung im Po, in den Schenkeln.

E Ich entspanne mich wieder und beobachte den Unterschied. Die Spannung fließt ab … Po und Oberschenkel sind wieder locker geworden, ganz locker und entspannt …

S Ich spanne *Oberschenkel* und *Po* noch einmal an und spüre die Spannung bis zu den Knien. Ich halte die Spannung fest und beobachte sie.

E Nun lasse ich los …, entspanne das Gesäß und die Beinmuskeln … Ich lasse die Entspannung sich ausbreiten … Unterkörper ganz entspannt …

S Jetzt hebe ich die Fersen an, Fußballen und Zehen bleiben auf dem

Boden. Die Fersen höher und höher, so daß die *Wadenmuskeln* deutlich zu spüren sind. Ich beobachte die Spannung.

E Und nun entspanne ich die Füße und Waden. Die Fußsohlen berühren wieder den Boden, die Anspannung entweicht aus den Waden ..., aus den Füßen ...

S Während die Fersen am Boden bleiben, bringe ich jetzt die Zehen so weit wie möglich nach oben, beuge die Füße in Richtung Gesicht, so daß ich die Spannung rechts und links vom *Schienbein* verspüre.

E Nun lasse ich wieder los, entspanne Unterschenkel und Füße bis in die Zehen ... Ich entspanne mich weiter und weiter ..., spüre die Füße ..., Knöchel ..., Waden und Schienbeine ..., Knie ..., Oberschenkel und das Gesäß ... Ich beobachte die Schwere des Unterkörpers, während ich mich weiter entspanne ... Nun dehne ich die Entspannung auf den Bauch aus ..., auf die Taille ... und das Kreuz ... Ich lasse mich mehr und mehr gehen. Ich fühle die Entspannung. Sie breitet sich immer weiter aus, über den oberen Rükken ..., Brust ..., Schultern ... und die Arme ..., ganz bis in die Fingerspitzen ... Ich entspanne mich immer tiefer. Ich vergewissere mich, daß im Hals keine Spannung mehr ist ..., ich entspanne den Nacken ..., die Kiefermuskeln ... und die gesamte Gesichtsmuskulatur: Mund ..., Wangen ... und Stirnbereich ... Ich lasse für einige Zeit den Körper so entspannt ... Nun kann ich noch entspannter werden, indem ich sehr tief und ruhig einatme und langsam ausatme ... Meine Augen sind geschlossen, so daß ich von den Gegenständen und Bewegungen meiner Umgebung nicht gestört werden kann. So halte ich mir jegliche Spannung fern. Ich atme tief und spüre, wie ich schwerer werde ..., ich atme tief ein und dann ganz langsam aus ... Mit der Ausatmung wird die Entspannung tiefer ... Ich spüre, wie ich schwer und entspannt geworden bin. Ich genieße für eine Weile dieses angenehme Gefühl ...

Und jetzt zähle ich langsam rückwärts von 4 bis 1. Bei 1 bin ich wieder wach und munter wie nach einem erfrischenden Schlaf.

Trainingsteil 4

Stellen Sie sich für Ihre täglichen Entspannungsübungen ein individuelles Trainings-»Packet« zusammen, das ca. zwei Einzelübungen aus jedem der drei vorausgegangenen Trainingsteile umfaßt. Dieses »Potpourri« kann entweder nach dem Prinzip »Vertiefen der Entspannung« oder nach dem Prinzip »Genießen der Entspannung« zusammengestellt werden:

Prinzip »Vertiefen«:
Berücksichtigen Sie bei der Zusammenstellung Ihres Übungs-Potpourris diejenigen Muskelgruppen, bei denen Ihnen die Entspannung noch nicht so gut gelingt: Schlecht zu entspannende Partien sind wiederholt einzufügen zwischen gut zu entspannende Partien.

Prinzip »Genießen«:
Stellen Sie ein individuell wirksames und genußreiches Entspannungs-Potpourri zusammen: Durch die Auswahl der Übungen und deren Abfolge sollten Sie relativ schnell zu einer angenehmen Entspannungstiefe und inneren Ruhe gelangen. Wie bei einem köstlichen Menü mundet Ihnen jeder Gang.

Beispiel eines »Potpourris«

E Ich sitze locker und bequem ..., spüre die Berührungsflächen meines Körpers mit dem Stuhl ... Ruhe kehrt in mich ein ...

S Jetzt mache ich beide *Hände zur Faust,* halte die Spannung und beobachte sie, spüre die Anspannung bis in die Unterarme.

E Nun löse ich die Muskeln und spüre den Unterschied zu vorher. Die Finger lockern sich, ich spüre das Nachlassen der Spannung in den Händen und Unterarmen ... Beide Hände werden warm ..., angenehm warm wie in kuschligen Fellhandschuhen.

S Ich hebe die Augenbrauen, ziehe die *Stirn in Falten* und fühle die Spannung bis in die Kopfhaut, bis zu den Ohren.

E Nun entspanne ich wieder ..., Stirn locker und glatt ..., Kopfhaut entspannt ... Ich halte die Augenlider bequem geschlossen, Stirn und Augenpartie sind entspannt.

S Jetzt spitze ich die *Lippen* und presse sie fest aufeinander. Ich beobachte die Spannung.

E Nun entspanne ich Lippen und Mund ... Ich spüre das Nachlassen der Spannung ... Ich öffne leicht den Mund, der Unterkiefer sinkt ein wenig herab. Ich spüre die Wärme in den Lippen und im Mundbereich. Ich genieße dieses angenehme Gefühl.

S Jetzt spanne ich die *Bauchdecke* an, mache sie ganz fest (Schultern locker!), halte die Spannung und beobachte sie.

E Und nun lasse ich wieder los. Ich lasse den Bauch locker werden und spüre, wie die Spannung entweicht ... Der Bauch wird warm, angenehm warm, so als würde eine Wärmflasche ihre wohlige Wärme ausstrahlen.

S Jetzt konzentriere ich mich auf *Po* und *Oberschenkel,* spanne diese Muskeln an, spüre die Spannung vom Po über beide Oberschenkel bis in die Knie.

E Und nun entspanne ich wieder ... Po und Oberschenkel werden locker ..., ich spüre das Gewicht des Körpers auf dem Stuhl ..., spüre die Auflageflächen der Oberschenkel auf dem Stuhl ..., spüre die Fußsohlen am Boden ... Ich lasse los und genieße die Entspannung, die tiefer wird, immer tiefer ... Ich entspanne Gesicht ..., Nacken ..., Schultern ... und Arme. Mit der Ausatmung nimmt die Entspannung zu, immer wenn ich ausatme, spüre ich die tiefe Entspannung, die über Brust und Bauch läuft ... Ich genieße die Ruhe und innere Wärme ... Ich bin ganz ruhig, gelöst und frei ... Ich bin ganz ruhig ..., gelöst und frei ...

Ich beende die Übung, indem ich rückwärts von 4 bis 1 zähle: Vier: ich bewege Füße und Beine; drei: ich bewege Hände und Arme; zwei: ich bewege Kopf und Hals; eins: ich öffne die Augen und strecke mich. Ich fühle mich wohl, wie nach einem guten Nickerchen.

Trainingsteil 5

E Ich sitze so bequem wie möglich. Ich entspanne mich so gut es geht ... Nun konzentriere ich mich auf meinen Körper. Ich spüre die Berührungsflächen des Körpers mit dem Stuhl: am Rücken ..., am Po ... und an den Oberschenkeln ... Ich spüre die Berührungsflächen der Füße am Boden ... Mein Atem geht tief und ruhig ein und aus ...

S Jetzt spanne ich den *ganzen Körper* auf einmal an: Arme fest, Beine fest, tief Einatmen und Luft anhalten, Bauch pressen, Schultern hoch, Stirn in Falten, Augen zusammenkneifen, Zähne aufeinanderbeißen, Zunge gegen den Gaumen drücken!

E Nun lasse ich wieder los. Ich lasse meine Muskeln locker werden und spüre, wie die Entspannung sich ausbreitet ... Ich spüre die Entspannung in den Händen ..., den Unterarmen ..., den Oberarmen ... und den Schultern ... Hände und Arme sind ganz schwer und warm ...
Ich spüre die Entspannung im Gesicht: Stirn locker und glatt, Kopfhaut entspannt ..., Augenlider ruhig geschlossen ... und Wangenmuskeln entspannt ..., Mund leicht geöffnet, Lippen angenehm durchblutet ..., die Zunge liegt locker im Mund ... Die Entspannung breitet sich immer weiter aus ... über Hals und Nacken ..., Rücken ..., Brust ... und Bauch ... Mein Atem geht tief und ruhig, ein und aus ... Ich beobachte, wie die Entspannung mit der Ausatmung zunimmt ...
Ich fühle die Entspannung im Po ..., in den Oberschenkeln ..., in den Waden ... und Füßen ... Der ganze Körper ist schwer und warm ... Die Entspannung wird immer tiefer ... Ich lasse den Körper für einige Zeit so entspannt ... Nun kann ich noch entspannter werden, indem ich sehr tief einatme und langsam ausatme. Meine Augen sind geschlossen, so daß ich von den Gegenständen und Bewegungen meiner Umgebung nicht gestört werde. So halte ich mir jegliche Spannung fern, atme tief und spüre, wie ich schwerer werde ... Ich atme tief ein und dann langsam aus ..., tief ein ... und langsam aus ... Ich spüre, wie ich schwer und entspannt geworden bin ... Ich genieße für eine Weile dieses angenehme Gefühl ...

Wenn ich den Wunsch habe aufzuhören, zähle ich ganz langsam rückwärts von 4 bis 1, atme tief durch, öffne die Augen und strecke mich. Ich fühle mich dann wie nach einem guten Schlaf.

Trainingsteil 6

Nun sind Sie im Entspannungstraining schon so weit fortgeschritten, daß Sie beginnen können, auf die Anspannungsphasen während der Übung zu verzichten: Ihre körperliche und seelische Entspannung wird sich einstellen, wenn Sie sich ohne vorherige Anspannung lediglich auf die einzelnen Körperpartien konzentrieren und sich nur die zugehörigen Entspannungsinstruktionen geben.

Im einzelnen: Stellen Sie sich täglich, für Übungsphasen von ca. 10 Minuten, ein Übungs-Potpourri zusammen, das fünf bis sieben Körperpartien umfaßt, bei denen Ihnen bisher eine gute Entspannung gelungen ist. Diese Körperpartien durchlaufen Sie gedanklich nacheinander, Schritt für Schritt, indem Sie sich diese Partien lebhaft vergegenwärtigen und sich ganz auf die Körperempfindungen konzentrieren. Sprechen Sie dabei zu sich im Stillen die Entspannungsanweisungen, z.B.: »Ich lasse die Stirn locker und glatt werden und spüre die Entspannung an den Schläfen und in der Kopfhaut«. Konzentrieren Sie sich ganz auf die jeweiligen Muskelpartien. Beginnen Sie beim Durchwandern Ihres Körpers immer mit den Händen, und halten Sie sich bei der Abfolge der verschiedenen Muskelpartien an die Reihenfolge, die in den Übungsteilen vorgegeben ist: Bei Ihrem »Spaziergang durch den Körper« sollten Sie also nicht die Oberschenkel vor dem Bauch entspannen, nicht den Brustbereich vor der Stirnpartie (siehe dazu das untenstehende Beispiel). Abfolge

Wenn Sie auf diese Weise zu einem tiefen Entspannungsgefühl gelangen, können Sie in Ihr Potpourri auch andere Körperpartien einbeziehen. (Berücksichtigen Sie dabei auch diejenigen Muskelgruppen, deren Entspannung noch nicht ganz optimal gelingt – Übung macht Entspannung!). Bald werden Sie es schaffen, alle Körperpartien unseres Trainings nur durch den gedanklichen Impuls zum Loslassen tief zu entspannen.

E Ich sitze locker und bequem. Der Stuhl trägt mich, gibt mir Halt.
Die Hände liegen entspannt! Ich spüre die Handinnenflächen, die den Stoff der Kleidung berühren, spüre das Gewicht der Hände auf den Oberschenkeln.
Stirne locker und glatt! Augenpartie entspannt! Ich spüre die Kopfhaut, lockere sie.
Ich entspanne Kiefermuskeln und Wangen, der Unterkiefer sinkt ein wenig herab, die Lippen sind leicht geöffnet, ich spüre die Entspannung im Mundbereich.
Die Schultern sinken herab. Die Bauchdecke wird locker. Der Atem fließt wie eine Welle, ein und aus … ein und aus. Die Entspannung nimmt mit der Ausatmung zu. Sie breitet sich aus … über Brust und Bauch … wird tiefer und tiefer … Wohlige Wärme steigt empor, breitet sich aus.
Ich lockere den Po und die Oberschenkel. Ich spüre das Gewicht meines Körpers auf dem Stuhl …, spüre die Schwere im Unterkörper …, lockere die Beine, die Zehen …, spüre die Fußsohlen am Boden.
Ruhe und Wärme im ganzen Körper … Hände und Arme entspannt … Stirn locker und glatt …, der Atem fließt …, die Wärme breitet sich aus.
Ich bin ganz ruhig, gelöst und frei … Ich bin ganz ruhig, gelöst und frei.
Ich genieße … lasse los … entspanne.

Und nun beende ich die Übung wieder, indem ich rückwärts von 4 bis 1 zähle und mich bei 1 wieder frisch und munter fühle, wie nach einem erfrischenden Schlaf.

5. Selbständige Weiterarbeit

Sie kennen nun die einzelnen Übungsteile der Progressiven Muskelentspannung. Im Laufe der Zeit werden Sie mit zunehmender Selbstverständlichkeit zu Ruhe und Selbstversenkung gelangen, werden spüren, welche Körperpartien Sie noch nicht so gut entspannen können, bei welcher Übung Sie länger verweilen sollten und wann Ihnen Wiederholungen früherer Übungsteile gut täten. So wird es Ihnen allmählich gelingen, alle Muskelpartien, die in der Progressiven Muskelentspannung benannt werden, etwa in gleicher Weise entspannen zu können.

● Spannungsabfall erspüren

Bei all Ihren Entspannungsübungen ist es wichtig, sich auf die Spannungsveränderung zu konzentrieren, die sich beim Lockern einstellt oder als Kontrastphänomen nach der jeweiligen Anspannungsphase auftritt: Erspüren Sie ausgiebig den Spannungsabfall. Versenken Sie sich ganz in diesen inneren Zustand des Loslassens, gleiten Sie (gewissermaßen) die Spannungskurve hinab bis zum Gewahrwerden einer tiefer-entspannten Befindlichkeit. Und versuchen Sie den Unterschied zu vorher immer gesamtkörperlich nachzuempfinden: Lassen Sie die Entspannung sich von einer spezifischen Körperpartie ausdehnen und immer breiter werden, so als fließe das Wasser eines Springbrunnens von einer runden Schale in die nächstgrößere, weiter und immer weiter.

● Entspannung mit Signalwort koppeln

Am Ende Ihrer Entspannungsübungen, immer dann, wenn Sie zu einem tiefen Entspannungserleben gelangt sind, können Sie nun ein inneres Signalwort verwenden, können es still vor sich hin sagen, am besten beim Ausatmen, und dies bei mehreren Ausatmungszügen hintereinander (z.B. »loslassen«, »Ruhe, »locker« »entspannt« oder ein gleichwertiges anderes Wort). Wenn Sie dieses Verfahren über einige Zeit regelmäßig anwenden, gewinnt dieses Wort bald selbst eine Auslösefunktion für Entspannung: d.h. allein die stille Nennung dieses Signalwortes löst die gewünschte Entspannungsreaktion aus. So kann, ohne daß eine Entspannungsübung gezielt durchgeführt werden müßte, ein Spannungsabbau in belastenden Lebenssituationen eingeleitet werden. Dieses Signalwort eignet sich besonders gut auch für die Übungen im Programm II, bei dem es um den Einsatz der Entspannung in Streßsituationen des Alltags geht.

● Positive Gewißheit aufbauen

Bauen Sie Ihre Fähigkeit aus, sich zu Hause in Ihrem Entspannungsstuhl wohlig lockern zu können und willentlich in einen angenehmen Entspannungszustand einzutauchen. Wenn Ihnen dies gelingt, ohne daß Sie die einzelnen Muskelpartien noch anspannen müssen, wird die Gewißheit entstehen, »ich kann Verspannungen gezielt lösen«, »ich kann willentlich loslassen«. Das Zutrauen in die eigenen Fähigkeiten stärkt ungemein!

● Mut haben zur individuellen Ausgestaltung und Veränderung

Stimmen Sie Ihre Übungen auf ihr eigenes Tempo und Lernvermögen ab. Achten Sie darauf, daß Häufigkeit und Länge der Übungen Ihnen wohl tun, prüfen Sie, ob im jetzigen Stadium die festgeschriebenen Übungsnormen noch strikt eingehalten werden müssen. Vielleicht können Sie nun einmal ausprobieren, die Übungen im Liegen (ausgestreckt auf dem Rücken) durchzuführen oder neue Übungszeiten zu wählen oder andere Räumlichkeiten. Sie selbst können entscheiden, was Ihnen gut tut und was für die Erreichung Ihrer Zielsetzungen noch notwendig ist. Die anfängliche Regelmäßigkeit beim Üben war für den Erwerb der Entspannungsfähigkeit außerordentlich wichtig. Nun wird das Trainieren viel stärker zu einem Hilfsmittel, um die in jedem Menschen schlummernden Selbstheilungskräfte zu mobilisieren.

Bei alledem sollten Sie berücksichtigen – auch wenn Ihre Entspannungsfähigkeit bereits zum jetzigen Zeitpunkt besonders gut ausgebildet ist –, daß Sie diese Fähigkeit nur durch regelmäßiges Training erworben haben und daß Sie diese Fähigkeit nur dann aufrechterhalten werden können, wenn sie weiterhin Übungen durchführen.

● Freude am Entspannen bewahren

Entspannung ist ein ganz wunderbarer Zustand. Und der Weg, sie zu erreichen, soll lustvoll bleiben. Das Wichtigste ist also, daß Sie nicht die Freude am Erlernen und Praktizieren der Entspannung verlieren. Die Übungen sollen Spaß machen. Das sollten Sie immer vor Augen haben! Gestalten Sie sich daher die Übungseinheiten angenehm! Und betten Sie Ihre Übungen genußvoll in den Tagesablauf ein: Manch einer trinkt vorher in Ruhe seinen Tee oder hört schöne Musik, ein anderer geht anschließend durch die frische Luft oder führt ein Telefongespräch mit einem lieben Menschen. Niemals sollten die Entspannungsübungen den Charakter von unliebsamen Schularbeiten annehmen! Entspannung ist und bleibt ein Lebensgenuß. Vielleicht können Sie achtsam mit ihm umgehen.

Literatur

Ergänzende Hinweise zur Methode der Progressiven Muskelentspannung, zu ihrer theoretischen Fundierung, zu den Möglichkeiten ihrer Anwendung und zum Umgang mit auftretenden Schwierigkeiten finden sich in den Werken von:

Bernstein, D. / Borkovec, Th.: Entspannungs-Training. Handbuch der progressiven Muskelentspannung; Pfeiffer, München ^{5}1990

Hamm, A.: Progressive Muskelentspannung. In: Vaitl, D./Petermann, F. (Hrsg.): Handbuch der Entspannungsverfahren, Bd. 1: Grundlagen und Methoden. Psychologie Verlags Union, Weinheim 1993, S. 245–271

Jacobson, E.: Entspannung als Therapie. Progressive Relaxation in Theorie und Praxis. Pfeiffer, München 1990

Vaitl, D./Petermann, F. (Hrsg.): Handbuch der Entspannungsverfahren, Bd. 1: Grundlagen und Methoden. Psychologie Verlags Union, Weinheim 1993

Hilfreich kann auch die Tonkassette mit einführendem Begleitheft sein:

Echelmeyer, L. / Zimmer, D.: Entspannungstraining auf der Basis der progressiven Muskelentspannung. Tonkassette und Begleitheft. Pfeiffer, München 1980

Programm II
Die Anwendung der Entspannung im Alltag

Ein Generalisierungsprogramm

Zur Durchführung
- Das Programm II kann nach erfolgreichem Abschluß von Programm I bearbeitet werden. Es baut unmittelbar auf den Lernerfahrungen mit der Progressiven Muskelentspannung auf.
- Es bedarf keiner besonderen Vorerfahrungen, um die im folgenden beschriebenen Entspannungsübungen zu erlernen.

Zum Inhalt
Das Programm II vermittelt in einer Vielzahl aufeinander aufbauender Schritte, wie die Entspannungsfähigkeit (erworben durch die Arbeitsschritte des Programms I) in alltäglichen Belastungssituationen einzusetzen und effektiv zu nutzen ist. Es geht darum, sich nicht nur alleine im stillen Kämmerlein entspannen zu können, sondern dies auch erfolgreich in Gesprächen und Auseinandersetzungen mit den Mitmenschen zu tun, in Situationen der Unruhe, Unsicherheit und Angst.

1. Einführung

Entspannung soll nicht nur in Übungssituationen erlebbar bleiben, nicht nur bei geschlossenen Augen und in einer speziellen Sitzhaltung »funktionieren«. Zukünftig sollen Sie sich auch in ganz normalen Alltagssituationen willentlich entspannen können, sollen in der Lage sein, Verspannungen sensibler wahrzunehmen, sie schneller als bisher zu spüren und sie dann auch gezielt lockern zu können. Diese Fähigkeit will gelernt sein, vor allem wenn man sie flexibel einsetzen will, z.B. am Arbeitsplatz oder in Gesprächen mit Freunden, wenn Sie in der Bahn sitzen oder telefonieren, aber auch in brenzligen Auseinandersetzungen, wenn sich Unsicherheit und Ängste einstellen und der »klare Kopf« schon längst verlorengegangen ist. Die Fähigkeit zum Entspannen soll also nicht auf das stille Sitzen im eigenen Kämmerlein beschränkt bleiben, sondern soll Ihnen auch dann zur Verfügung stehen, wenn Sie in Aktion sind. Es wird also bei unseren weiteren Übungen immer darum gehen, Ihre bisher erworbenen guten Entspannungsfähigkeiten zu »generalisieren«, zu verallgemeinern, auf andere Situationen zu übertragen, z.B. auf eine andere Sitzhaltung oder auf einen Zustand, in dem Sie den Kopf bewegen, sprechen, aufstehen, laufen oder auch einkaufen. Der Entspannungsstuhl ist nicht mehr der ausschließliche Übungsort, er bleibt wichtig, aber er ist nur Ausgangspunkt für »Unternehmungen in die Ferne«, gewissermaßen ein vertrauter Ruhepol, von dem aus Sie nun zu »Entspannungsexperimenten« unter erschwerten Bedingungen starten.

Zu jedem der fünf folgenden Programmeinheiten lassen sich eigene Aufgaben ergänzen oder Übungen abwandeln – je nach den Erfahrungen, die Sie im Programmablauf gewinnen werden. Vielleicht kommen Sie ins Staunen, wie spannend und zum Teil auch lustig die einzelnen Übungen sind.

2. Variationen zum Entspannen im Sitzen

Beenden Sie Ihre Entspannungsübungen ab und zu auf eine neue Weise: Aus dem Zustand der Entspannung heraus, am Ende einer Übung (aber noch bevor Sie rückwärts von 4 bis 1 zählen), sollen Sie nun *eine körperliche Veränderung* vornehmen (z.B. die Augen öffnen), dabei aber weiterhin den Körper in seiner wohligen Entspanntheit spüren und ihn voller Bewußtheit erleben. Es geht also darum, Kontakt zur Umwelt aufzunehmen (z.B.: Was erkenne ich in meinem Blickfeld?), dabei aber weiterhin die Entspannung zu halten. Dies wird dadurch möglich, daß Sie sich eine bestimmte Körperpartie, die Sie besonders gut wahrnehmen können und in der Sie eine besonders tiefe Körperentspannung spüren (z.B. Ihre rechte Hand), lebhaft vergegenwärtigen, während Sie gleichzeitig Ihre Aufmerksamkeit auf die Außenreize richten. Ihre Aufmerksamkeit pendelt gewissermaßen zwischen den Außenreizen (z.B. dem Muster des Teppichs oder dem Motiv eines Bildes an der Wand) und dem Körperempfinden (z.B. der Wärme der Handinnenfläche) hin und her.

Im einzelnen bieten sich für unsere Übung »Variationen im Sitzen« folgende Trainingsschritte an:

Führen Sie das Entspannungstraining nach Jacobson in der Ihnen bekannten Weise durch. Verfahren Sie dann, noch bevor Sie die Übung beenden, wie folgt:

a) Augen öffnen, Gegenstände betrachten, Körperhaltung/Kopfhaltung ansonsten nicht verändern!
b) Augen auf, Kopf leicht bewegen, Gegenstände fixieren, Körperhaltung ansonsten unverändert lassen!
c) Augen auf, leise vor sich hin sprechen, Körperhaltung ansonsten unverändert lassen: momentanes Körperempfinden beschreiben!
d) Sprechen, normale Lautstärke, dabei leichtes natürliches Mitbewegen des Kopfes: Gedanken, Gefühle, Eindrücke beschreiben.

In der nächsten Zeit sollten Sie jeweils immer nur *eine* der vier aufgeführten Trainingsschritte am Ende einer Entspannungsübung ausführen (etwas 3 Minuten lang) und dabei mit a) beginnen. Erst wenn Ihnen diese Übung gelungen ist, geht es (am Ende einer späteren Entspannungsübung) mit b) weiter. Der Abschluß jeder Entspannungsübung erfolgt auch nach den »Variationen im Sitzen« auf die bekannte Weise.

3. Variation: Entspannung im Stehen

Im nächsten Schritt geht es darum, Ihre Entspannungsfähigkeit auf das Stehen zu übertragen. Sie sollen die Entspannung auch dann wieder intensiv spüren, wenn Sie am Ende einer Entspannungsübung vom Stuhl aufgestanden sind, vor dem Stuhl stehen und sich auf Ihren Körper konzentrieren.

Um diese Aufgabenstellung realisieren zu können, führen Sie die beiden folgenden Trainingsschritte durch – erst den einen, wenn der gelingt, den anderen:

Am Ende einer Entspannungsübung, aus dem Zustand tiefer (!) Entspannung heraus

a) aufstehen, bequeme Standposition finden, Körpergewicht auf beide Beine gleichzeitig verteilen, die Arme locker aus den Schultern herabhängen lassen, sich auf die Hände konzentrieren, sie entspannen, sie warm und schwer aus den Schultern herabhängen spüren.
b) wie a), zusätzlich aber noch die Fußsohlen spüren, sich ganz auf die Berührungsfläche Körper und Boden konzentrieren, die Sohle des Schuhs, die Hacke, die Zehen wahrnehmen, die »Ummantelung« durch den Schuh »erfühlen« und anschließend das Gewicht des Körpers auf der Standfläche spüren.

In der nächsten Zeit sollten Sie öfter eine der beiden Trainingsschritte an das Ende Ihrer Entspannungsübungen setzen, nicht länger als ca. 3 Minuten. Bei den beiden Übungsschritten im Stehen sollen Sie keine Anspannungsphasen durchführen. Sie konzentrieren sich lediglich intensiv auf die jeweiligen Körperpartien und gelangen so (ohne daß Sie anspannen müssen) zu der gewünschten Entspannung. – Die Beendigung der Übung erfolgt wieder auf die Ihnen bekannte Art (»Ich zähle rückwärts von 4 bis 1 ...«).

4. Variation: Entspannung beim Laufen

Ein neuer Schritt zur »Übertragung der Entspannung auf Alltagssituationen«, der sich unmittelbar an die Übung »Variation Stehen« anschließt, ist das Entspannen beim Laufen. Ja, Sie sollen lernen, Ihren Körper zu spüren, wenn Sie sich bewegen, wenn Sie die Arme locker schwingen lassen und im Zimmer umherlaufen. Sie sollen lernen, die Wärme in den Händen zu fühlen, wenn Sie sich ein Schaufenster anschauen, die Entspannung im Gesicht und Bauch wahrzunehmen, wenn Sie durch den Park laufen, das Gewicht des Körpers auf den Fußsohlen zu spüren, wenn Sie eine Treppe hinablaufen. Es geht also darum, Ihre Fähigkeit zum Entspannen auszuweiten auf Situationen, in denen Sie nicht mehr für sich alleine in Ruhe sitzen oder stehen, sondern in denen Sie in Bewegung sind. Sie sollen das Entspannen in Alltagssituationen erproben, dabei aber jetzt noch nicht (!) mit anderen Personen in Kontakt treten.

Um die beschriebenen Ziele zu erreichen, orientieren Sie sich am besten an den folgenden Trainingsschritten a bis c.

Ausgangssituation ist der Entspannungszustand im Stehen; Hände und Arme locker und warm herabhängen spüren; Fußsohlen warm (siehe vorhergehender Generalisierungsschritt »Stehen«):

a) Zu Hause

Aus dem entspannten Stehen heraus ruhig und langsam loslaufen, im Raum umhergehen und sich dabei ganz intensiv auf die Hände konzentrieren. Wenn das Entspannungsempfinden beim Laufen verschwindet, wieder stehen bleiben, sich auf die Arme konzentrieren, sie locker aus den Schultern herabhängen lassen, Wärme in den Händen spüren, und die Handinnenfläche oder den Handrücken wahrnehmen, sich in einen einzelnen Finger hineinbegeben und ihn bis zur Fingerspitze spüren. Stellt sich beim Stehen wieder das Entspannungsgefühl ein, können Sie wieder langsam loslaufen und sich beim Laufen ganz auf das angenehme Gefühl in den Händen konzentrieren.

Versuchen Sie, beim Laufen den Kontakt der Fußsohlen zum Boden zu spüren, und richten Sie Ihre Aufmerksamkeit beim Umhergehen ruhig abwechselnd von einer Hand auf die andere, von den Händen auf die Fußsohlen, von einer Sohle auf die andere und wieder zurück auf beide Hände. – Bei dieser Übung ist es wichtig, daß Sie sich in einem Raum aufhalten, in dem Sie nicht gestört werden können, in dem kein Telefon klingeln und keiner anklopfen kann.

Achtung: Es müssen nicht unbedingt die Hände sein, nicht unbedingt die Fußsohlen, auf die Sie sich als »Entspannungspartien« konzentrieren. Sie können auch andere Körperpartien bzw. Muskelgruppen wählen – aber es sollten immer solche sein, zu denen Sie einen besonders guten und schnellen Zugang finden.

b) Auf der Straße

Führen Sie die gleiche Übung auf der Straße durch: Schlendern Sie von Schaufenster zu Schaufenster. Bleiben Sie jeweils stehen, wenn Sie das Gefühl der Entspannung in der entsprechenden Körperpartie verlieren. Konzentrieren Sie sich im Stehen wieder auf den ausgewählten Muskelbereich, bis das Entspannungsgefühl wieder eintritt. Nehmen Sie noch keinen Kontakt zu den Menschen ringsum auf (das soll später erfolgen), aber beobachten Sie ruhig genau die Dinge um sich herum. Pendeln Sie mit ihrer Aufmerksamkeit zwischen den Außenreizen (Schaufenster, ausgestellte Waren) und den eigenen Körperwahrnehmungen hin und her. Konzentrieren Sie sich dabei immer wieder ganz genau auf Ihren Körperzustand und die Empfindungen in der ausgewählten Körperpartie. Vielleicht gelingt Ihnen die Übung auf der Straße erst dann, wenn Sie das Entspannen beim Laufen (außerhalb Ihrer Wohnung) in einer ruhigen Gegend erprobt haben, in einer Vorortsstraße oder in der Natur, vielleicht auf einem Waldweg oder in einem schönen Park. Führen Sie die Übung dann erst einmal an einem solchen Ort äußerer Stille und Ruhe durch. Und unterstützen Sie diesen Lernschritt durch den Einsatz Ihres »Signalwortes« (siehe Programm I: Seite 51).

c) Treppen

Führen Sie die Übung »Entspannen beim Laufen« auch einmal beim Hinablaufen von Treppen durch. Versuchen Sie das Gewicht des Körpers auf den Fußsohlen zu spüren und die Gewichtsverlagerung von einem Bein auf das andere wahrzunehmen. Die Arme locker aus den Schultern schwingen lassen! Es wird Sie vielleicht erstaunen, wie intensiv Sie Ihren Körper spüren werden. Und erproben Sie einmal die gleiche Übung beim Hinaufsteigen von Treppen.

5. Anwendung der Entspannung in Alltagssituationen ohne Kommunikationsdruck

Ein neuer Schritt zur »Übertragung der Entspannung auf Alltagssituationen«, der sich unmittelbar an die Übung »Variation Laufen« anschließt, ist das Entspannen in alltäglichen Situationen, in denen Sie sich normalerweise ohne Nervosität und Angst aufhalten können und in denen Sie nicht sprechen müssen (!) und auch keinen Kontakt (!) zu anderen Menschen aufzunehmen brauchen. Sie können jetzt also lernen, Entspannung zu spüren, nicht nur wenn Sie stehen oder sich bewegen, wenn Sie alleine im Zimmer umherlaufen oder auf der Straße Schaufenster ansehen, nicht nur wenn Sie vor sich hin sprechen, leise oder laut, sondern auch dann, wenn Sie U-Bahn fahren oder in der Straßenbahn bzw. im Bus sitzen, wenn Sie in einem großen Kaufhaus bummeln oder sich an Ihrem Arbeitsplatz aufhalten.

Um die beschriebenen Ziele zu erreichen, erproben und üben Sie am besten die folgenden Trainingsaufgaben in der vorgegebenen Abfolge:

a) Wiederholung: Laufen auf der Straße

Wiederholen Sie die Schritte b) und c) aus der vorherigen Arbeitseinheit. Beginnen Sie dabei zur Vereinfachung mit dem Loslaufen aus dem Zustand des entspannten Stehens. Wenn die Entspannung beim Laufen auf der Straße weicht, bleiben Sie wieder in Ruhe stehen, konzentrieren sich auf die Arme, lassen sie locker aus den Schultern herabhängen, spüren die Wärme in den Händen, konzentrieren sich besonders intensiv auf eine Körperpartie und laufen wieder langsam los, spüren den Kontakt der Fußsohlen zum Boden, richten Ihre Aufmerksamkeit beim Umhergehen abwechselnd von einer Hand auf die andere, von den Händen auf die Fußsohlen, von einer Sohle auf die andere und wieder zurück auf beide Hände und kehren wieder zurück zu der von Ihnen bevorzugten Körperpartie.

Wenn Sie bei dieser Übung zu einer zufriedenstellenden Lockerheit und inneren Ruhe gelangt sind, können Sie mit den nächsten Schritten fortfahren.

b) Entspannen im Sitzen: öffentliche Verkehrsmittel

Versuchen Sie sich im Sitzen in der Straßenbahn oder im Bus, in der U-Bahn oder im Zug zu entspannen, zu einer Zeit, in der die Verkehrsmittel relativ leer sind. Sie können, wenn Sie wollen, bei Ihrer Übung die Augen schließen – das machen viele müde Personen, und das fällt nicht weiter auf. Aber Sie können es sich auch etwas schwerer machen und den »Spaziergang durch den Körper« bei geöffneten Augen durchführen. Um sich vor der (manchmal entspannungshindernden) Wirkung der äußeren Einflüsse zu schützen ist es wichtig, die Entspannungshinweise tatsächlich als innere Anweisung zu formulieren und sich dadurch aktiv immer wieder auf den eigenen Körper zu beziehen.

c) Entspannung im Stehen: öffentliche Verkehrsmittel

Gleiche Übung wie oben, lediglich mit der Erschwernis, daß Sie sie jetzt im Stehen durchführen sollen.

d) Entspannung im Sitzen: am Arbeitsplatz, in der Schule oder Hochschule

Entspannen Sie sich auf Ihrem Stuhl am Arbeitsplatz, in der Schule oder Hochschule – oder wo immer Sie sich außerhalb Ihrer Wohnung regelmäßig aufhalten (z.B. auf einer Bank am Marktplatz oder Brunnen). Das muß nicht sehr lange sein, anfangs nur für einen kurzen Augenblick. Auch wenn andere Personen in der Nähe sind, fällt es nicht weiter auf, wenn Sie die Arme herabhängen lassen, wenn Sie die Gesichtsmuskeln entspannen und das Gewicht des Körpers auf der Sitzfläche spüren.

Diese Übung kann im Büro am eigenen Schreibtisch, auf einer Schulbank während der Pause oder in einem Seminarraum der Hochschule ebenso durchgeführt werden wie auf dem »stillen Örtchen« einer Behörde oder am Kantinentisch in der Mittagspause. Und auch die Länge dieser Übung können Sie schrittweise ausdehnen. Dabei werden Sie merken, daß Sie sich immer intensiver auf das eigene Körpererleben konzentrieren können, trotz der vielfältigen Außenreize! Und daß Sie sich zunehmend unabhängiger von den Außeneinflüssen (z.B. von den vermuteten Blicken anderer) fühlen werden! – Zur Erinnerung sei hier noch einmal gesagt: Bei all den vorgeschlagenen Situationen sollen Sie sich in relativer Ruhe befinden, sollen nicht unter dem Druck stehen, gleich sprechen, gleich Kontakt zu anderen Personen herstellen bzw. auf Anfragen anderer reagieren zu müssen. Es geht darum, in Gegenwart anderer Menschen, aber noch nicht in direkten Auseinandersetzungen mit ihnen, den eigenen Körperzustand willentlich zu beeinflussen und sich locker und entspannt zu halten.

e) Entspannung im Laufen: Kaufhaus und Fußgängerzone

Das Prinzip dieser Übung kennen Sie schon: Jetzt geht es aber darum, sich in Gegenwart stärkerer »Störreize« auf den eigenen Körper zu konzentrieren, einzelne Partien genau wahrzunehmen und sich immer wieder zu lockern. Dies sollen Sie in Gegenwart vieler Menschen erproben, die im Kaufhaus umhereilen, oder unter dem Einfluß von Lautsprecherdurchsagen und plätschernder Musik in einem Supermarkt. Sie sollen die Stirn lockern und den Bauch entspannen, trotz lärmender Kinder und tönender Marktschreier in der Fußgängerzone an einem langen Sonnabend.

Auch bei dieser Übung können Sie wieder eine individuelle Abstufung vornehmen: Vielleicht schieben Sie lieber eine Übung auf einer belebten Einkaufsstraße als Zwischenschritt ein, bevor Sie die Übung in der Fußgängerzone wagen, oder Sie bevorzugen vor der Kaufhausübung einen Gang durch die quirlige Hauptverkehrsstraße Ihres Wohnortes mit all ihrem lauten Getöse quietschender Reifen und dröhnender Lastwagen.

Denken Sie daran: Sie sollen bei dieser Übung »bei sich selbst bleiben«, sich »in sich selbst aufhalten« und nicht nach den neuesten Modetrends Ausschau halten, Sie sollen nicht Preisschilder entziffern und Preisvergleiche anstellen. Sie sollen vielmehr nach eigenen Spannungen Ausschau halten, Körperzustände miteinander vergleichen und die Unterschiede »entziffern«, die sich nach dem jeweiligen Loslassen einstellen. Auch sollen Sie sich nicht durch die vielfältigen Anregungen um Sie herum dazu verführen lassen, nach interessanten Menschen zu schielen oder doch noch schnell ein günstiges »Schnäppchen« zu machen. (Das können Sie getrost später tun.) Auch Gesprächskontakte mit Verkäufern oder Passanten, mit Bettlern oder Bekannten sind im Rahmen der Übungszeit jetzt noch nicht sinnvoll. Wenn Sie von jemandem ins Gespräch gezogen werden, von Ihrer Friseuse, die plötzlich auftaucht, oder wenn Sie die Lust verspüren, schnell noch etwas in einem Geschäft kaufen zu wollen, dann gilt die Übung als beendet. Verlangen Sie noch nicht von sich, die gute Entspannungsfähigkeit auch im Gespräch willentlich einsetzen zu können. Möglich wäre das vielleicht schon mal, aber als Ziel sollte es erst demnächst formuliert werden (siehe nächste Arbeitseinheit).

Überprüfen Sie, ob die vorgegebene Abfolge der beschriebenen Übungsschritte Ihrem eigenen Empfinden entspricht oder ob Sie besser eine Umstellung der einzelnen Trainingsschritte vornehmen sollten: Vielleicht erscheint Ihnen die Übung in der Fußgängerzone viel leichter als die am Arbeitsplatz – z.B. weil es dort ein einladendes Plätzchen auf einer schattigen Bank gibt, unter einem grünen Baum mit beruhigendem Wassergeplätscher von einem Brunnen. Oder der Gang durchs Kaufhaus kommt Ihnen leichter vor als die Fahrt im Bus, weil Sie im Bus immer wieder Bekannte treffen, im Kaufhaus aber sich in der großen Menschenmasse anonym fühlen und gewissermaßen »untertauchen« können. Wie dem auch sei: Sie sollten die Abfolge der Übungen so zusammenstellen, daß sich deren Schwierigkeitsgrad schrittweise erhöht.

f) Übungsplan/Protokoll anlegen

Für die selbständige Weiterarbeit bietet es sich an, daß Sie – neben den bisher vorgeschlagenen Übungsschritten – selber zusätzliche Übungsaufgaben erarbeiten. Diese sollten auf Ihre individuelle Lebenssituation und Ihren persönlichen Tagesablauf abgestimmt sein. Schreiben Sie sich diese zusätzlichen Übungsaufgaben auf. Stellen Sie am besten einen Übungsplan zusammen, der für ein paar Tage (für eine Woche) Geltung hat. Sie wissen selber am besten, welche Übungen für Sie wichtig sind und welche Aufgaben wiederholt werden sollten. Kreuzen Sie täglich auf diesem Bogen an, ob Sie diese Aufgaben tatsächlich in Angriff genommen haben, und notieren Sie, wie Sie damit zurechtgekommen sind. Hier gehören auch Eintragungen hin über Ihre positiven Erfahrungen mit dem Entspannen im Alltag und Ideen für die weitere Trainingsarbeit.

6. Anwendung der Entspannung in Alltagssituationen mit Kommunikationsdruck

Nun geht es darum, daß Sie sich entspannen, wenn Sie an Gesprächen teilnehmen, wenn Sie selbst reden müssen und wenn Sie spüren, daß auf Ihre Äußerungen geachtet wird. Auch wenn »Druck zur Kommunikation« besteht, sollen Sie sich lockern können. Dies gilt sowohl für ruhige Kontaktsituationen mit vertrauten Menschen oder für unproblematische Begegnungen mit fremden Personen als auch für belastende Auseinandersetzungen oder heftige Konfliktgespräche. So sollen Sie

Ihre Fähigkeit zum Entspannen z.B. beim Plausch mit lieben Freunden oder in einer kontroversen Unterhaltung am Telefon einsetzen, bei einer Begrüßung zwischen Tür und Angel oder in der allwöchentlich stattfindenden »heißen« Dienstbesprechung, beim »small talk« in der Kantine oder vor dem Fleischtresen in einem Supermarkt.

Als Beispiel finden Sie im folgenden eine Abfolge von Übungssituationen, die Frau Locker und Herr Fest erstellt haben – beide haben sich durch Zufall bei einer ihrer Übungen in einem vollbesetzten Fahrstuhl kennengelernt. (Herr Fest versuchte dort, seine [für ihn peinlich] flatternden Augenlider zu entspannen und »einer netten jungen Dame fest in die Augen zu schauen«, während Frau Locker sich vorgenommen hatte, dem Zittern in Ihrer Stimme dadurch Herr zu werden, daß sie wiederholt das Wagnis einging, »einen fremden jungen Mann mit tiefer ruhiger Stimme anzusprechen«. Beide haben ihre Übungen phantasievoll gestaltet – und viel mehr bekommen, als sie erwartet hätten.)

Aber hier nun die angekündigten Trainingsschritte: Sie können sie in dieser Abfolge selber durchführen, sollten sie nötigenfalls aber vorher so umformulieren, daß die Übungssituationen Ihrem eigenen Lebensalltag entsprechen. Und Sie können die Liste natürlich um solche Situationen ergänzen, die für Sie ganz persönlich von Bedeutung sind (ggf. einen neuen Übungsplan für das tägliche Training anlegen; s.o.).

a) Frühstück

Morgens beim Frühstück mehrmals kurzfristig auf die Berührungsflächen meines Körpers mit dem Stuhl (Rücken, Po, Oberschenkel) achten; gegebenenfalls beim lauten Lesen einer Zeitungsnotiz die rechte Hand entspannen und sie locker und warm aufliegen spüren.

b) Kiosk

Ruhiges Draufzulaufen, die Arme schwingen locker aus den Schultern, beide Hände schwer und warm, Blickkontakt mit dem Verkäufer, Stimme ruhig und tief, Bauch locker beim Sprechen.

c) Verkehrsmittel

Begrüßung und belangloses Gespräch mit einem Bekannten bzw. Arbeitskollegen, Fußsohlen am Boden spüren, mehrmals von rechter zu linker Fußsohle hin und her »pendeln«, Stirn lockern.

d) Arbeitsstelle »Plaudern«

In einer kleinen Runde sympathischer Kollegen/innen während des eigenen Sprechens wiederholt Bauch und Stirn kontrollieren, gegebenenfalls lockern.

e) Am Telefon

Körperhaltung insgesamt lockern; statt vornübergeneigt zu sitzen (und sich den Bauch einzuklemmen) lieber sich »hinfletzen«! Schultern senken – vor allem diejenige unter dem Telefonhörer!

f) Kantine

Im Kreis fremder Kollegen/innen am Gespräch teilnehmen, Sitzhaltung und Hände lockern; vor allem jeweils unmittelbar vor Beginn der eigenen Äußerung kontrollieren, ob die linke Hand geöffnet ist (keine Faust!) und die Füße am Boden stehen (nicht Stuhlbeine umklammern).

g) Kaffeetrinken im Familienkreis

Während eines nachmittäglichen Familienbesuchs beim ruhigen Sitzen am Tisch (während andere sprechen) das »Spazierengehen durch den Körper« erproben und dabei alle Körperpartien so gut es geht entspannen.

h) Geselliges Beisammensein (Restaurant, Fete)

Im hektischen Getümmel sitzen oder stehen und dabei »Kontakt zu einer Körperpartie« herstellen, diese Partie im Laufe des Beisammenseins wiederholt lockern; zusätzlich Spannungsverminderung im Gesicht und Schulterbereich einleiten; ab und zu mitreden und dabei auf Lockerheit des Körpers achten.

i) Gespräch mit Verkäuferin

Längeres Beratungsgespräch herbeiführen; bei Gewichtsverlagerung vom rechten auf das linke Bein die jeweilige Fußsohle spüren; Kiefer und Wangenmuskeln während der Sprechphasen der Verkäuferin lockern; Lippen während des eigenen Sprechens spüren, sie anschließend sofort entspannen.

j) Schwieriges Fachgespräch

Während eines Fachgespräches mit Kolleginnen immer wieder Schultern sinken lassen! Kopfhaltung kontrollieren (unnötige Vorwärtsneigung des Kopfes zurücknehmen), wiederholt die Stirne wahrnehmen (Stirne locker und glatt!).

k) Gespräch mit Vorgesetztem

»Entspanne!«, »Entspanne!«, »Entspanne!« – sich das eigene Signalwort wiederholt innerlich vorsprechen. Vor allem Kopf heben und Oberkörper aufrecht halten (keine geduckte Körperhaltung!); ab und zu rechte Hand auf dem Oberschenkel spüren (insbesondere wenn Vorgesetzter spricht).

Soweit die Beispielsituationen! Vielleicht mußten Sie über die eine oder andere Situation von Frau Locker und Herrn Fest schmunzeln. Nehmen Sie sie als Anregungen – Sie werden Ihre eigenen Situationen finden!

Übrigens können Sie nicht erwarten, daß Sie mit dieser neuen Aufgabe gleich spielend zurechtkommen; es ist ja die schwierigste unserer ganzen Übungsabfolge. Sie braucht (wie die vorausgegangenen Übungen) ein wenig Geduld und Erfahrung. Aber es wird Ihnen bald gelingen, Ihren Körper auch dann wahrzunehmen und zu steuern, wenn Sie sich am Gespräch aktiv beteiligen oder wenn Sie damit rechnen müssen, von den anwesenden Mitmenschen jederzeit angesprochen werden zu können.

Bei diesem letzten Generalisierungsschritt ist es wichtig, daß Sie sich in den jeweiligen Situationen wiederholt die Anweisung »Locker!« oder »Entspanne!« erteilen (bzw. Ihr Signalwort). Fordern Sie sich dazu innerlich klar und deutlich auf. (Innere Vornahmen unmittelbar vor einer schwierigen Handlung erleichtern nämlich die Ausführung dieser Handlung!) Und es ist wichtig, daß Sie nicht die überhöhte Erwartung mit sich herumtragen, gleich zu einer »tiefen Entspannung« der einzelnen Körperpartien kommen zu müssen, sondern daß Sie sich erst einmal ganz auf das Spüren der jeweiligen Körperregion konzentrieren und sich begnügen, diese Region wahrzunehmen.

7. Beispiele weiterer Trainingssituationen

Vielleicht helfen Ihnen die im folgenden aufgelisteten Trainingssituationen bei der Zusammenstellung eines eigenen Übungsplanes. Manchmal wollen einem keine eigenen Situationen einfallen – da ist es ganz gut zu wissen, was andere Personen schon alles ausprobiert haben, um ihre Entspannungsziele zu erreichen.

Interessanter Weise handelt es sich bei den folgenden Situationen nicht einfach nur um irgendwelche Anwendungssituationen, in denen Sie Ihre Entspannungsfähigkeit festigen können. Vielmehr werden Sie gleich eine Reihe ganz besonderer Situationen vorfinden, deren Bewältigung Mut und Selbstsicherheit verlangen. Denn in diesen Situationen können Gefühle auftreten, die Sie sonst nur aus Belastungssituationen kennen, Gefühle des Unbehagens und der Anspannung, Nervosität und Unruhe. Gleichzeitig wird Ihnen beim Lesen aber klar werden, daß es nicht wirklich schwer ist, diese Situationen zu bewältigen, daß Sie alles beherrschen, was in diesen Situationen zu tun wäre und daß auch nicht wirklich etwas schiefgehen kann.

- Auf der Straße einen Passanten nach dem Weg fragen.
- Vorrübergehenden Passanten zunicken, sie sehr freundlich grüßen, so als seien es sehr gute Nachbarn.

- Vor-sich-hin-summend (oder singend) den Bürgersteig entlang schlendern.
- Sich am Obststand nach dem Preis unterschiedlicher Obstsorten erkunden, obwohl die Preise auf Schildern ausgezeichnet sind.
- Auf dem Bürgersteig unter einem Straßenschild stehen bleiben und einen vorbeikommenden Passanten nach dem Namen der Straße fragen.
- In eine Bäckerei gehen, dort herumlaufen und den Duft des Brotes/Kuchens tief einatmen, ohne etwas zu kaufen. Auf Fragen könnten Sie antworten: »Ich rieche so gern den Geruch frischen Brotes!«
- Laut Selbstgespräche führen beim Laufen auf einer belebten Straße (oder beim Warten in einer Schlange in einem Geschäft/Kaufhaus bzw. bei der Post).
- Vor einem Geschäft, das voller Kunden ist, das eigene Spiegelbild seelenruhig im Schaufenster betrachten, die eigenen Gesichtszüge mit den Fingern nachzeichnen und sich dann sehr ausgiebig frisieren. Die Kunden im Geschäft können bei dem Ganzen zuschauen.
- Einen Passanten nach einem guten Eßlokal fragen, dies mit vollem Munde/kauend tun.
- In einem Lampengeschäft nach einem »echten alten Kristallglas-Kronleuchter mit 48 Kerzen« fragen.
- Eine gleichaltrige Person anderen Geschlechts nach einem Tanzlokal fragen. »Ich bin Tourist/Touristin. Wo kann man sich hier in der Gegend amüsieren?«
- In einem Geschäft mit einer Verkäuferin bzw. einem Verkäufer ein längeres Gespräch führen über die Waren, die sie/er verkauft. (Z.B. beim Kauf von Vollkornbrötchen in der Bäckerei: »Schmecken die gut? Haben Sie die auch schon mal probiert? Was halten Sie von Vollwertkost?«)
- Im Reisebüro nach einem Flug nach Sidney fragen (für das kommende Wochenende) und bei der Mitteilung des teuren Flugpreises nachfragen, ob es auch noch billige Busfahrten nach Südtirol gebe.
- An einem Zeitungskiosk (kein Imbiß!) eine Curry-Wurst bestellen. Nach dem Hinweis des Zeitungsverkäufers, hier gebe es keine Wurst, »sich dumm stellen« und noch einmal eine Bestellung aufgeben, z.B.: »Ach, dann geben Sie mir eben zwei Bouletten!«.

Nun, sind dies Situationen, die Sie nutzen könnten? Vielleicht bekommen Sie Lust, Ihre Fähigkeit zur Entspannung in diesen Beispielsituationen zu erproben, dort die Spannung zu spüren, die bereits bei der Annäherung an die Situation auftauchen, und sie dann rechtzeitig zu lösen, bevor das Unbehagen steigt. Vielleicht sind Sie in der Lage, eine Körperpartie, die Sie sonst immer gut wahrnehmen können, auch in einer solchen Belastungssituation bewußt im wachen Gespür zu behalten und die Situation insgesamt ruhig und locker zu »durchlaufen«. Vielleicht wollen Sie diese Situationen auch dafür nutzen, ein bißchen an der eigenen Selbstsicherheit zu arbeiten. Das könnte heißen, unabhängiger von der Meinung anderer zu werden, nicht nach den Bewertungen anderer zu schielen, zu sich selber zu stehen, aktiv auf andere zuzugehen, gewappneter gegen die Mißachtung von anderen zu sein! Die erfolgreiche Bewältigung dieser Situationen gelingt dann besser, wenn Sie mehrmals hintereinander eine solche Situation aufsuchen und wenn Sie sich Lern-Zeit und Wiederholungen zugestehen (»aus Erfahrung wird man klug!«). Und wenn Sie einen Partner oder eine Partnerin zur Unterstützung bzw. zum Mitmachen »dabei haben«. Vielleicht gibt es ja auch in Ihrem Bekanntenkreis eine Frau Locker oder einen Herrn Fest.

8. Selbständige Weiterarbeit

So, Sie sind nun bestens gerüstet für weitere Entspannungsexperimente in Ihrem Alltag! Sie wissen, wie Sie vorgehen können: Mit leichten Erkundungen beginnen, sich nicht durch zu hohe Ansprüche unter Druck setzen, mit kleinen Schritten eine neue Richtung einschlagen, die Aufgaben immer auf das eigene Können abstimmen, sich nicht an den Ansprüchen und »Aufträgen« anderer messen, selbst das Tempo bestimmen. Und wenn Sie ausruhen wollen, dann tun Sie es! Dabei können Sie sich nun gewiß sein: »Ich selbst kann die Veränderungen in meinem Körper einleiten. Ich selbst fühle die Anspannungen. Ich selbst kann sie lösen. Auch wenn ich aufgeregt bin, gelingt es mir, den Grad meiner Verspannungen willentlich zu senken.« Darauf können Sie sich in der Tat verlassen, nachdem Sie all die vorausgegangenen Aufgaben (mit ihren vielfältigen Anforderungen) gelöst haben. Aus diesem Bewußtsein heraus können Sie nun selbständig weiterarbeiten. Sie wissen: »Ich kann loslassen. Ich kann zu mir kommen. Ich kann ganz bei mir bleiben!«

So. – Und nun entspannen Sie wohl!

Literatur

In den folgenden Werken finden sich viele anregende Hinweise darüber, wie sich Verhaltensänderungen im individuellen Lebenszusammenhang realisieren lassen: Meist geht es darum, geeignete Ziele zu finden, Wege zu neuen Erfahrungen zu beschreiten und neue Handlungsmöglichkeiten zu festigen.

Hinderer, Lothar: Die Kunst der Gelassenheit. Entspannungstraining für ein besseres Leben. Beltz Quadriga, Weinheim 1992

Tharp, R./Wetzel, R.: Verhaltensänderung im gegebenen Sozialfeld. Urban & Schwarzenberg, München 1975

Watson, D. / Tharp, R.: Einübung in Selbstkontrolle. Grundlagen und Methoden der Verhaltensänderung. Pfeiffer, München ^{4}1985

Wendlandt, W. / Hoefert, H.-W.: Selbstsicherheitstraining. Otto Müller Verlag, Salzburg 1976

Erfahrungen aus der Arbeit mit selbstunsicheren und sprechängstlichen Personen, die im Rahmen der Therapie von Kommunikationsstörungen gewonnen wurden, lassen sich sehr gut für das Trainingsprogramm II nutzen:

Wendlandt, W.: Qual im Alltag. In: Zum Beispiel Stottern. Stolperdrähte, Sackgassen und Lichtblicke im Therapiealltag. Pfeiffer, München 1984, S. 111–145

Wendlandt, W.: Zur In-vivo-Arbeit in der Therapie des Stotterns. Sprache, Stimme, Gehör, 8/1984, S. 44–50

Drei Zusatzprogramme rund um das Thema Entspannung

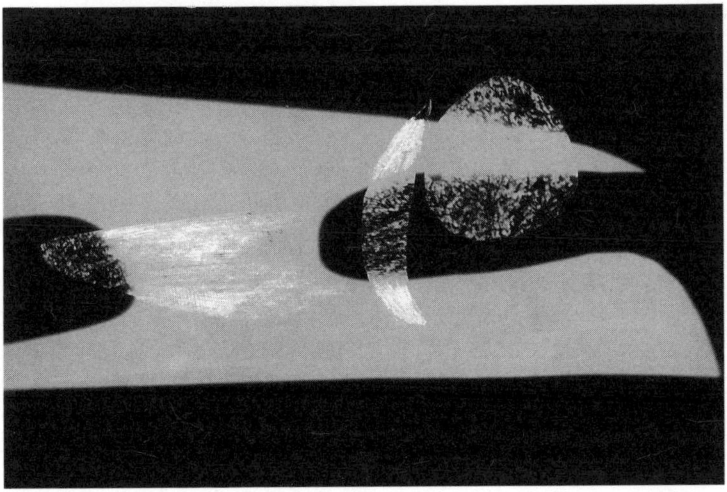

Im folgenden Buchteil werden drei Programme vorgestellt: Mit ihrer Hilfe wird zum einen eine Vertiefung des Entspannungserlebens angezielt, zum anderen die Verbesserung der Körperwahrnehmung unterstützt sowie zum Abbau von Streß und Unruhe im Alltag angeleitet.

Programm III
Arbeit mit Ruhe-Bildern zur Vertiefung des Entspannungserlebens

(Ergänzung zu Programm I)

Zur Durchführung

- Das Programm III kann bearbeitet werden, wenn die beiden ersten Teile der Progressiven Muskelentspannung gelernt worden sind.
- Es bedarf keiner besonderen Vorerfahrungen, um die im folgenden beschriebenen Übungen zu erlernen.

Zum Inhalt

Das Programm III stellt eine in mehrere Schritte untergliederte Anleitung zur Arbeit mit sogenannten Ruhe-Bildern dar. Diese intensivieren das Körpererleben und erlauben, zu einer vertieften Entspannungsfähigkeit zu gelangen. Die Arbeit mit Ruhe-Bildern aktiviert Phantasie und Vorstellungskraft und stellt eine gute Ergänzung zum körperorientierten Vorgehen der Progressiven Muskelentspannung dar.

1. Einführung

Entspannung läßt sich nicht nur körperlich (über das Anspannen und Lösen von Muskelpartien) herstellen. Sie stellt sich vielfach als ein Produkt unseres Geistes ein, unserer Vorstellungsfähigkeit und Phantasie. Nicht nur die realen Strahlen der Sonne wärmen uns und lassen unseren Körper wohlig entspannt werden. Auch unsere Phantasien vom Urlaub, die Gedanken an die Sonnenliege, die Hitze und den genüßlichen Schatten im weichen Sand führen zu einem behaglichen Körperempfinden, das selbst auf einem harten Schemel zu spüren ist und das uns trotz des Blicks in den tristen Nieselregen des grauen Novembers erfüllen kann. Das innere Bild von Sonnenstrahlen wärmt und entspannt eben auch.

Im folgenden geht es darum, sogenannte Ruhe-Bilder zu erarbeiten und sie später an die Entspannungsübungen zu koppeln.

2. Ruhe-Bilder erarbeiten

Erarbeiten Sie mindestens drei Ruhe-Bilder und schreiben Sie sie auf. Es soll sich dabei um Situationen handeln, bei deren Vorstellung Sie sich ganz besonders wohl und entspannt fühlen. Jede Situation soll für Sie ganz persönlich von angenehmer Bedeutung sein, eine Situation, in der sich Ihr Körper in Ruhe befindet (Sie also nicht z.B. schwimmen oder laufen), eine Situation, die Sie als Bild vor Ihrem inneren Auge auftauchen lassen können und das dann eine intensive Ruhe und Wohligkeit ausstrahlt.

Beispiel für ein Ruhe-Bild:

Ich liege flach am Strand auf dem Rücken. Die Sonne wärmt meine Haut, Arme und Hände ruhen auf dem feinen, weißen Sand. Die Augen sind geschlossen, bunte lustige Flecken tanzen vor den Augenlidern, ein sanfter Windhauch streicht über mich dahin. Gleichmäßig laufen die Wellen am Ufer aus, ich höre die rollenden Kiesel. Ein frischer Duft von Sonnenöl weht vorbei. Aus der Ferne höre ich das Singen der Vögel in den Bäumen.

3. Ruhe-Bilder ergänzen

Ergänzen Sie Ihre bisher ermittelten Ruhe-Bilder; vielleicht gibt es noch ganz neue innere Bilder, die Sie entdecken können. Oder überarbeiten Sie die bisher gefundenen Ruhe-Bilder. Insgesamt sollten etwa 5 Ruhe-Bilder notiert werden.

Wichtig ist es, die Situationen so zu formulieren, als ereigneten sie sich gerade im Moment (Gegenwartsform und Ich-Form verwenden). Dabei sind die positiven Merkmale, die für das gefühlsmäßige Wohlbehagen in der Situation verantwortlich sind, so konkret und plastisch wie möglich zu beschreiben.

4. Entspannungsübungen mit Ruhe-Bild abschließen

Koppeln Sie mindestens einmal am Tag eine Entspannungsübung mit einem Ruhe-Bild: Stellen Sie sich am Ende einer Übung, in der Sie eine zufriedenstellende Entspannung einleiten konnten (Entspannungsgrad 3 und besser), eines Ihrer Ruhe-Bilder vor. Vergegenwärtigen Sie sich die Situation dazu für etwa 3 Minuten. Malen Sie sich die Situation lebhaft aus, plastisch, mit allen Einzelheiten. Versuchen Sie sich ganz dem Reiz dieses Bildes hinzugeben. Überlassen Sie sich dem körperlichen und psychischen Wohlbehagen. Schwelgen Sie in diesen angenehmen Empfindungen. Lassen Sie Ihrer Phantasie freien Lauf! Genießen Sie!

Sie werden feststellen, daß sich durch die Verknüpfung eines Ruhe-Bildes mit der Entspannungsübung (nach etwas Erfahrung) das Ausmaß und die Tiefe der Entspannung noch deutlich steigern lassen.

Schließen Sie jeweils die Übung ab, indem Sie den Vorstellungsprozeß aktiv beenden: Fordern Sie sich innerlich selbst auf, das Ruhe-Bild abzuschließen (»Ich beende die Vorstellung, ich verabschiede mich von meinem Ruhe-Bild!«). Kehren Sie in Gedanken vom Bild auf den Stuhl zurück, vergegenwärtigen Sie sich deutlich die Berührungsflächen Ihres Körpers mit dem Stuhl, spüren Sie die Fußsohlen am Boden, die Hände auf den Oberschenkeln. Zählen Sie rückwärts von 4 bis 1, und bei 1 sind Sie frisch und munter, wie nach einem guten Schlaf.

5. Ruhe-Bilder bei schwer zugänglichen Körperpartien einsetzen

Wenn Sie bereits gute Erfahrungen mit Ruhe-Bildern sammeln konnten, können Sie sie auch gezielt einsetzen, um einen besseren Zugang zu solchen Körperpartien zu finden, die Sie bisher nur schwer wahrnehmen bzw. entspannen konnten: Koppeln Sie an eine schwer zu entspannende Körperpartie die Vorstellung eines Ruhe-Bildes. Führen Sie dazu unmittelbar vor der Vergegenwärtigung des Ruhe-Bildes das Anspannen und Loslassen der entsprechenden Muskelpartie mehrmals durch und konzentrieren Sie sich auch während der Vorstellung des Ruhe-Bildes ab und zu auf die entsprechende Partie.

Gegebenenfalls können Sie auch die jeweilige Körperpartie, z.B. die Füße, in Ihr Ruhe-Bild mit aufnehmen und dort angenehm vergegenwärtigen. Bei einem »Strand-Bild« könnte die Vorstellung lauten: »Meine Füße sind vom warmen Sand umhüllt!« oder »Die warmen Wellen des Sees umspülen meine Füße«.

6. Beispiele weiterer Ruhe-Bilder

Entspannung läßt sich auf sehr vielfältige Weise und an sehr unterschiedlichen Orten erleben. Jeder Mensch hat da seine ganz speziellen Vorlieben, die sich auch in der Ausgestaltung seiner individuellen Ruhe-Bilder zeigen. Zur Anregung für die Erarbeitung Ihrer eigenen Ruhe-Bilder lohnt es sich, die folgenden Beispiele noch einmal gründlich durchzulesen:

Auf der Terrasse:
Ich ruhe im Liegestuhl auf meiner Holzterrasse und blicke in die bewegten Baumkronen. Der zart purpurne Abendhimmel blinkt durch das grünsilbrige Blattwerk der Pappeln, das wispert und rauscht, blinkt durch das füllige Laubwerk der ausladenden Rotbuchen. Die Abendsonne taucht den Rand des Terrassendaches in ein warmes Licht und malt gelbe Flecken auf die efeubewachsene Scheunenwand. Die Wolldecke umhüllt mich warm, der frisch gebackene Kuchen duftet vom Herd, ich liege geborgen und lausche in den Garten, vertraue mich dem Gesang der Amsel an, deren Lied Antwort findet in der Ferne, höre die rieselnden Tropfen des Sprengers, die den Geruch feuchter Erde zu mir sprühen, atme den Duft frisch geschnittenen Grases und warte auf den Sonnenuntergang und die Eichelhäher, die dann kommen und im Geäst der Buchen umherspringen, bevor sie käckernd davonfliegen und mich zurücklassen im Licht der untergehenden Abendsonne.

Nach dem Bade auf warmem Fels:
Ich bin geschwommen, das Wasser war wohlig-erfrischend. Nun steige ich wie neugeboren aus den Fluten. Die Wasseroberfläche gleißt hell wie tausend Sonnen, sanfte Wellen schwappen ans Ufer. Aus den Haaren rinnt das Wasser, und ich spüre die kleinen Rinnsale, die die Haut hinablaufen, spüre meine Füße, die feuchte Spuren auf den warmen Fels patschen. Und dann finde ich eine Mulde im Felsen, groß und

warm, die mich aufnimmt und meinem Körper ~~wohligen~~ Halt gibt. Mein Handtuch ist weich, und ich räckle mich und strecke mich aus und fühle mit den Händen den Felsen, aus dem die gespeicherte Sonnenkraft des Tages in mich strömt. Das leise Plätschern der Wellen scheint mich sanft hin und her zu wiegen und mich zu einen ~~lustigen~~ Tanz in die Lüfte einzuladen. ~~Und~~ dabei spüre ich die Kraft des Steines und die Wärme, die mich ganz erfüllt.

Vor dem Kamin:
Im Kamin prasselt ein helles Feuer. Ich sitze auf dem weichen Schaffell, die Füße in eine Wolldecke gehüllt. Die Kälte des Winterspazierganges schmilzt dahin, mein Rücken lehnt am Sofa, die wohlige Wärme des Feuers durchströmt mich, und das Holz knackt, und die Äste knistern, und der Glühwein im Glase sprüht das Licht der Flammen, und das Feuer züngelt empor, und die Glut im Holz pulsiert, glimmt hell auf und erlischt, und der Geruch der brennenden Scheite mischt sich mit dem würzigen Duft von Nelken und Orangenstückchen, die im Glühwein schwimmen, und ich spüre das Fell und die Wärme im Rücken und das lebendige Feuer vor mir.

Auf dem Segelboot:
Sanft gleitet das Segelboot durchs Wasser. Die Segel stehen ruhig, und der Wind bläst leicht und bauscht das Tuch und kühlt meine Haut. Die Sonne wärmt das Deck, ausgestreckt liege ich auf einer weichen Matte, das Wasser gluckst unter dem Bug, und das Auf und Ab und das Hin und Her wird vom Schreien der Möwen begleitet. Und ich gleite dahin, muß auf nichts achten, nichts mehr bedenken, denn der Steuermann kennt sich aus und findet den Hafen, und mein Kopf bleibt kühl unter der weißen Mütze, und ich spüre mit den Fingern die Wärme der Planken auf dem sanft wiegenden Boot unter Segeln.

Blick vom Hügel:
Ein langgestrecktes Tal unter mir. Ich sitze auf einer Bank auf der höchsten Erhebung des waldigen Hügels. Warm ist es heute, ein sonniger Frühsommertag. Die Luft umhüllt mich lau. Der Duft der Wiesen und des Tannengehölzes steigt in den blauen Himmel, in dem Schäfchenwolken ruhig ziehen. Fern sind die Autos auf der Landstraße unten,

winzig klein die Menschen. Und weiter hinten im Tal schlängelt sich eine Eisenbahn durch eine Ansammlung roter Dächer. Hier oben summen die Bienen im Klee, gemächlich ziehen Rinder über eine eingezäunte Lichtung, das vieltönige Geläut ihrer Glocken steht in der Luft. Ein sanfter Wind streichelt meine Haut. Friedlich ist es hier. Ich schließe die Augen und lausche.

Mein Faulpelzstuhl:
Ich sitze im Stuhl: mein Faulpelzstuhl im Schatten, weich und bequem. Das dichte Blattwerk schützt vor den Sonnenstrahlen. Es ist angenehm kühl. Meine Augen gleiten über den Teich. Wasserkäfer tummeln sich auf der glänzenden Oberfläche. Im Hintergrund leuchten Azaleen und Rhododendron in verschiedenen Rottönen. Dahinter blüht gelb der Ginster. Der Windhauch kräuselt das Wasser und bringt die Düfte mit. Ein süßer Geruch liegt in der Luft. Über mir höre ich die Meisen, die leise piepsen und immer wieder aufgeregt zu schilpen beginnen, wenn das Meisenpaar mit vollem Schnabel landet. Ich lehne mich zurück. Auf dem Tisch steht die Teekanne, das Aroma lockt. Die Tasse ruht warm zwischen den Händen.

Schnorcheln in der Südsee:
Ich schwebe in der Bläue des warmen Meeres. Mein Element! Es trägt mich sicher. Ich gleite dahin und beobachte die Welt hier unten im Wasser: Die Strahlen der Sonne scheinen von oben herab und tauchen den Grund in wunderschön bunte Reliefs. Der weiße Sand ist weich gewellt, und um mich herum stehen still die bunt schillernden Fischschwärme, mit denen ich lautlos dahintreibe über bewachsene Felsen, über große Muscheln und bizarr gewundene Seeschneckenhäuser. Friedlich ist es hier, eine stille Welt, getragen fühle ich mich vom warmen Wasser und ruhe im Fließen, im Gleiten, im lautlosen Schweben, im Einklang von Zeit und Bewegung, zwischen Licht und Farben und Fischen und Pflanzen.

Manchmal ist es hilfreich, für die Entspannungsübungen eine Auswahl unterschiedlicher Ruhe-Bilder zur Verfügung zu haben. Denn an manchen heißen Sommertagen ist einem lieber nach »Wasser« als nach »Kamin« zumute, und auch die Wirkung eines besonders schönen Ruhe-Bildes kann mit der Häufigkeit seines Einsatzes verblassen.

Und noch eines soll abschließend betont werden: Ruhe-Bilder sind immer individuelle Bilder. Was für den einen Menschen zu einem tiefen Entspannungserleben führt, kann bei einem anderen Langeweile oder sogar unangenehme Gefühle auslösen. Dieses sollte vor allem dann berücksichtigt werden, wenn man Ruhe-Bilder in der Gruppe verwenden möchte; ganz besondere Sorgfalt wäre hier vonnöten (siehe unten: S. 122)

7. Selbständige Weiterarbeit

Haben Sie weiterhin Freude an der Arbeit mit Ruhe-Bildern? Ist es Ihnen durch die Vorstellung von Ruhe-Bildern gelungen, den Entspannungszustand, den Sie bei einer Übung erzielt haben, zu vertiefen? Gibt es genügend Ruhe-Bilder, zwischen denen Sie wechseln können? (Wenn Sie immer dasselbe Bild einsetzen, kann sich dessen Wirkung »abnutzen«.)

Vielleicht gibt es Ruhe-Bilder, durch die Sie sich zu Ruhe-Reisen eingeladen fühlen, die Ihre Phantasie beflügeln, so daß Sie sich auf eine innere Entdeckungsfahrt begeben. Tun Sie das ruhig, schmücken Sie in Ihrer Vorstellung das Bild zu einer Geschichte aus. Lassen Sie neue Bilder auftauchen, Bewegungen und Handlungen an Ihrem inneren Auge vorbeiziehen: Aus dem Ruhe-Bild kann nun eine Ruhe-Szene werden, eine Szene, die aber weiterhin durch angenehme Gefühle, durch tiefes Wohlbefinden und ausgeglichene Innerlichkeit gekennzeichnet sein sollte. Auch Licht und Helligkeit, Farben und (abstrakte) Formen können vor dem inneren Auge auftauchen und ein faszinierendes inneres Ruhe-Erlebnis darstellen. Anregende Hinweise hierzu finden Sie in der unten angegebenen Literatur.

Achten Sie darauf, daß die positive Tönung der Bilder und Szenen erhalten bleibt. Tauchen unangenehme Bildinhalte und Vorstellungen auf, so beenden Sie am besten die Ruhe-Reise. Verweilen Sie dann lieber bei einem Ihrer bekannten, fest umschriebenen Ruhe-Bilder.

Literatur

In der folgenden Literatur finden sich, neben allgemeinen Hinweisen zur Bedeutung von Phantasie und Vorstellungskraft im Rahmen von Veränderungsprozessen, viele konkrete Vorschläge, Übungen und sehr anschauliches Material (z.B. Vorlesegeschichten), mit deren Hilfe die Arbeit mit Ruhe-Bildern vertieft und ausgedehnt werden kann.

Erickson, M.H./Rossi, E.L.: Hypnotherapie. Pfeiffer, München 1991

Friebel, V.: Die Kraft der Vorstellung. Mit Visualisierung die Selbstheilung anregen. Trias, Stuttgart 1993

Grinder, J./Bandler, R.: Therapie in Trance. Hypnose: Kommunikation mit dem Unbewußten. Klett, Stuttgart ^{5}1991

Lazarus, A.: Innenbilder. Imagination in der Therapie und als Selbsthilfe. Pfeiffer, München 1980

Masters, R./Houston, J.: Phantasie-Reisen. Zu neuen Stufen des Bewußtseins: Ein Führer durch unsere inneren Räume. Kösel, München 1984

Mrochen, S.: Die Ansätze von M.H. Erickson und F. Baumann in der hypnotherapeutischen Arbeit mit Kindern und Jugendlichen. Hypnose und Kognition, Band 7, 1990, S. 76–80

Müller, E.: Du spürst unter Deinen Füßen das Gras. Autogenes Training in Phantasie- und Märchenreise. Vorlesegeschichten. Fischer, Frankfurt a.M. 1983

Murdock, M.: Dann trägt mich meine Wolke. Bauer, Freiburg 1989

Singer, J.: Phantasie und Tagtraum. Imaginative Methoden in der Psychotherapie. Pfeiffer, München 1978

Programm IV
Verbesserung der Körperwahrnehmung: Sensibilisierungsübungen

(Ergänzung zu Programm II)

Zur Durchführung

- Mit dem Programm IV kann begonnen werden, wenn es um die Anwendung der Entspannung in alltäglichen Situationen geht, also parallel zu Programm II.
- Es bietet sich außerdem als unterstützende Lernhilfe für das Programm I an, wenn dort keine befriedigende gesamtkörperliche Entspannung bei den beiden letzten Übungsteilen erreicht werden konnte.
- Das Programm IV kann als Einstieg in die Entspannungsarbeit für solche Personen dienen, die mit dem ruhigen Sitzen beim Entspannen noch Schwierigkeiten haben oder sich noch nicht auf die Entspannungsmethode einlassen können.

Zum Inhalt

Mit Hilfe des Programms IV kann die Fähigkeit des Menschen, seinen eigenen Körper differenziert wahrzunehmen, unterstützt und ausgebaut werden. Dieses Programm enthält eine Reihe kleiner Sensibilisierungsübungen für den alltäglichen Gebrauch und leitet den Leser an, sich selbst besser spüren zu lernen. Es wird aufgezeigt, wie mit dem besseren Wahrnehmen von Körperzuständen immer auch die Fähigkeit zum Loslassen und Entspannen wachsen kann.

1. Einführung

Zu einer tiefen Entspannung können wir oft erst dann gelangen, wenn wir über eine bestimmte Fähigkeit verfügen: Wir müssen in der Lage sein, unseren Körper sensibel wahrzunehmen, ihn zu spüren, gewahr zu werden, wie wir »den Körper halten«, wo wir ihn »fest machen«, die Muskeln anspannen, welche Körperhaltung wir gerade einnehmen, ob wir uns beim Argumentieren verkrampfen, beim Zuhören unsere Lächelmaske aufgesetzt haben, wo wir unnötig Kraft einsetzen und ob unsere Bewegungen leicht und locker erfolgen. Indem wir bewußt merken, wie sich der Körper anfühlt, können wir gezielt auf ihn Einfluß nehmen, können Verkrampfungen lockern und Anspannungszustände lösen. Voraussetzung dafür, daß wir zu einer guten Entspannungsfähigkeit auch in Alltagssituationen gelangen, ist also erst einmal, daß wir unsere Empfindungsfähigkeit für den eigenen Körper verbessern.

Die folgenden Übungsschritte sollen Ihnen helfen, den Anspannungsgrad einzelner Muskelpartien zu beobachten, ohne daß Sie dabei die spezielle Körperhaltung wie in der Progressiven Muskelentspannung einnehmen sollen und ohne daß Sie dabei gezielt Anspannungsphasen auszuführen hätten.

2. Sensibilisierung für Hand- und Armmuskeln

Richten Sie Ihre Aufmerksamkeit in unterschiedlichen Alltagssituationen auf Ihre Hände oder Arme! Beobachten Sie den Anspannungsgrad der Muskeln! Versuchen Sie dann, Ihre Muskeln zu lockern, Arme, Hände und Finger zu lösen. Fangen Sie immer mit der dominanten Hand an (Rechtshänder mit rechts, Linkshänder mit links). Sie können sich dabei an dem folgenden Übungsablauf orientieren.

Körperpartie, die zu beobachten, dann zu lockern ist:	*Übungssituationen:*
Rechte oder linke Hand	– Hand auf den Tisch legen, dort für 1 Minute liegen lassen, Handinnenfläche spüren. – Hand in der Hosentasche/Jackentasche spüren; Beschaffenheit des Stoffes? – Hand liegt auf einem Blatt Papier, Kugelschreiber wird locker zwischen den Fingern gehalten.

Körperpartie, die zu beobachten, dann zu lockern ist:	*Übungssituationen:*
	– Ellenbogen auf den Tisch, Unterarm hochstellen, Hand baumelt locker herab, Handinnenfläche, -rücken und -gelenk spüren. – Beim Autofahren, während des Halts an roter Ampel, eine Hand in den Schoß legen und sie von ›innen heraus‹ spüren. – Mit einer Hand den Wagen im Supermarkt schieben, die andere locker danebenlegen und sich auf sie konzentrieren. – Hand beim Öffnen und Schließen von Türen für den Bruchteil einer Sekunde länger liegen lassen, Beschaffenheit/ Temperatur der Klinke spüren.
Linker oder rechter Arm	– Linken oder rechten Arm locker herunterhängen lassen, das Empfinden in der Hand und im Unterarm beobachten. – In der vollen Badewanne beide Arme »schwimmen« lassen, Ober- und Unterarme wahrnehmen.
Daumen und Zeigefinger	– Im Gespräch mit einer vertrauten Person sich auf Daumen und/oder Zeigefinger konzentrieren.
Rechter Unterarm	– Telefonhörer mit der rechten Hand ans Ohr halten, telefonieren.
Oberarme	– Beim Sitzen beide Ellenbogen auf die Stuhllehne auflegen, Oberarme bis zu den Schultern fühlen, Berührung von Bluse/Hemd und Oberkörper spüren.

3. Sensibilisierung für Gesichts-, Nacken- und Schultermuskeln

Zusätzlich zu den oben aufgeführten Situationen können Sie sich nun weitere Übungen ausdenken, bei denen Sie jetzt aber auch den Gesichts- und Schulterbereich berücksichtigen sollten. Notieren Sie diese Aufgaben entsprechend der unten angegebenen Beispiele und führen Sie sie regelmäßig durch.

Körperpartie, die zu beobachten, dann zu lockern ist:	*Übungssituationen:*
Stirne	– Morgendliche Begrüßung von Arbeitskollegen/Innen. (Stirne locker und glatt!)
Kiefer	– Dienstbesprechung/Arbeitssitzung: Sind die Zähne aufeinandergebissen? (Unterkiefer sinkt ein wenig herab!)
Lippen	– Beim Warten in der Schlange (Einkaufen): Liegen die Lippen locker und entspannt aufeinander? (Lippen angenehm durchblutet!)
Nacken und Hals	– Bei aufmerksamem Zuhören anspruchsvoller Reden (Arbeitsstelle/Vorträge / Veranstaltungen / Radiosendungen): Wird der Kopf aufrecht getragen? (Kopf aufrichten, Hals strecken!)

4. Sensibilisierung für individuell bedeutsame Körperpartien

Sie wissen selbst am besten, welche Körperpartien Sie in alltäglichen Situationen immer wieder verspannen. Notieren Sie für diese »Schwachstellen« einige Wahrnehmungs- und Übungssituationen, die für Sie persönlich bedeutsam sind (siehe unten zwei Beispiele dazu). Es gibt unendlich viele Gelegenheiten, bei denen Sie zu einem stillen Hineinspüren in den Körper kommen können, ohne daß dies anderen Personen auffallen würde oder besondere Anstrengung erforderte. Sie tauchen kurz in den momentanen Körperzustand ein und registrieren das Befinden in einer bestimmten Körperpartie. Das ist wie ein ›heilsames Spannungsmessen‹, bei dem Sie durchaus am Geschehen um sich herum weiter teilnehmen können bzw. die Aktionen der Mitmenschen im Auge behalten.

Körperpartie, die zu beobachten, dann zu lockern ist:	*Übungssituation:*
Bauchdecke	– Auseinandersetzung im Familienkreis: Halten Sie den Bauch locker? (Bauchdecke locker und entspannt!)
Schulter	– In Gesprächen mit »unangenehmen« Personen: Ist eine Schulter (beide?) hochgezogen? (Beide Schultern sinken herab! Die Arme hängen schwer nach unten!)

5. Sensibilisierung für den gesamtkörperlichen Zustand (Sitzhaltung, Körperempfinden)

Vielleicht kennen Sie das Kinderspiel: Musik erklingt, die Kinder laufen im Raum herum. In dem Moment, in dem die Musik plötzlich, mitten im Stück, angehalten wird, müssen alle Kinder in ihrer Körperbewegung abrupt innehalten und »wie eingefroren« ausharren, bis die Musik wieder weiterspielt.

Das Prinzip »Innehalten, nicht bewegen!« soll im nächsten Übungsschritt für Sie gelten, allerdings nur dann, wenn Sie sich »in Ruhe« befinden: Geben Sie sich mehrmals am Tag, wenn Sie sitzen oder stehen, das innere Signal »Stopp! Nicht bewegen!« Belassen Sie dann ganz genau die Körperhaltung, in der Sie sich gerade befinden. Halten Sie sie aus, ohne auch nur die Augen abzuwenden oder die Hand leicht zu senken. Alles bleibt in der momentanen Position. Sie werden dann sehr bald verspüren, wie sich Ihr Körper anfühlt, wo Spannungen sitzen, wo Sie Muskelpartien festhalten, die eigentlich viel lockerer gelassen werden könnten. Sie werden eine gehobene Augenbraue oder eine hochgezogene Schulter, eine feste Bauchdecke oder den vorgeneigten Kopf wahrnehmen. Und Sie können sich fragen, ob diese Spannungsbereiche typische »Schwachstellen« sind und ob hier nicht öfter ein »Stopp!« und »Loslassen!« möglich ist.

Eine andere Möglichkeit, sich auf seinen Körperzustand zu besinnen und ihn wach zu registrieren, ist die Hinwendung auf die Berührungsflächen der Füße mit dem Boden. Versuchen Sie bei allen Situationen, in denen Nervosität, Unsicherheit bzw. Angst auftreten, das Gewicht des Körpers auf beide Fußsohlen gleichmäßig zu verlagern und beide Sohlen zu spüren.

Wenn Sie mehrmals täglich beide Übungen (»Innehalten« und »Fußsohlen«) durchführen, wird sich ein gutes gesamtkörperliches Spüren einstellen, und das »Stopp – Loslassen!« wird sich automatisieren können.

6. Selbständige Weiterarbeit

Die Sensibilisierungsübungen können Sie in allen alltäglichen Lebenssituationen fortsetzen: Eigentlich geht es »nur« darum, im laufenden Tagesgeschäft ab und zu kurz »zur Besinnung zu kommen« und die Körpersignale zu registrieren: Der Körper ist ja »ständig auf Sendung«, aber unser Bewußtsein nicht »auf Empfang« eingestellt. Also: den »Empfänger« (unsere Wahrnehmung) kurz anstellen, auf die »Meldungen« hören und die jeweiligen Signale dann beantworten – mit der Instruktion »Loslassen«, mit einer Haltungsveränderung oder mit einem ruhigen und tiefen Durchatmen, mit weniger Anstrengung beim Sprechen oder mit der Entspannung der Stirn oder, oder, oder. Wer die Progressive Muskelentspannung beherrscht (Programm I) reagiert mit seinem »Signalwort«, an das die Entspannung gekoppelt ist (siehe S. 53). Das gezielte Lösen von Muskelverspannungen gelingt nun, ohne daß Sie in einen Zustand tiefer Ruhe eintauchen müßten: Sie sind weiter im Geschehen eingebunden, können aktiv und wach an den aktuellen Interaktionen teilhaben.

Programm V
Bewältigungstraining in der Vorstellung

Positives Denken und Selbstsicherheit im Alltag

Zur Durchführung
Mit dem Programm V kann begonnen werden, wenn die Progressive Muskelentspannung (Programm I) beherrscht wird und die Arbeit mit Ruhe-Bildern weitgehend abgeschlossen werden konnte. Eine lebendige Vorstellungsfähigkeit (wie sie die Arbeit mit Ruhe-Bildern erfordert) sollte bereits vorhanden sein.

Zum Inhalt
Schwierige Belastungssituationen des alltäglichen Lebens werden gesammelt und geordnet sowie erfolgversprechende Handlungsmöglichkeiten für diese Situationen erarbeitet. Anschließend geht es darum, sich im Zustand wohliger Entspannung das eigene Handeln in diesen Situationen lebhaft zu vergegenwärtigen. Dies ist so zu tun, daß es zu der gewünschten Situationsbewältigung kommt. Auf diese Weise wird der Streßcharakter der Situationen abgebaut und eine aktive Form des positiven Denkens trainiert. Größere Eigenbestimmtheit und Selbstsicherheit im Auftreten können die Folgen sein.

1. Einführung

Das »Bewältigungstraining in der Vorstellung« ist besonders für solche Menschen hilfreich, die sich vor dem Aufsuchen bestimmter sozialer Situationen bzw. vor der Ausführung einer bestimmten Handlung »verrückt machen«, sich eigenes Versagen detailliert vorstellen oder sich das bevorstehende Ereignis als »schrecklich« oder »besonders ängstigend« ausmalen. Die Phantasie des erwarteten Mißerfolgs geht bei diesen Personen in der Regel mit Unruhe und Nervosität einher, meist auch mit körperlichen Verspannungszuständen.

Wer sich mit Zuversicht und Ruhe schwierige Alltagssituationen gedanklich vergegenwärtigen kann und sich selbst dabei als jemanden vorstellt, der dort zufriedenstellend mit den Anforderungen umzugehen vermag, der wird in der Realität diese Belastungssituationen besser als bisher bewältigen können. Ein positives gedankliches Vorwegnehmen erleichtert das eigene Handeln in der Realität. Das belegen die Ergebnisse der Klinischen Psychologie – aber auch unsere eigenen Alltagserfahrungen: Wenn wir ein Konzept haben, nach dem wir handeln können, und wenn wir uns unserer eigenen Stärken bewußt sind, wenn wir das Ergebnis unseres Handelns nicht dem Zufall zuschreiben, sondern unseren eigenen Fähigkeiten, dann verwirklichen wir ein positives Denken, mit dem wir in optimaler Weise die bisher als schwierig erlebten Situationen bewältigen können. – Die folgenden Aufgaben helfen Ihnen, diesen Weg zu beschreiten.

2. Ermittlung schwieriger Alltagssituationen

Schreiben Sie alle Situationen auf, in denen Sie dazu neigen, mit Unruhe, Nervosität, Anspannung und Ängstlichkeit zu reagieren. Dabei ist es unwichtig, ob es sich um Situationen handelt, die öfter oder nur sehr selten vorkommen, um Situationen, die Sie als schwierig bzw. belastend erleben oder vor denen Sie sich unter Umständen fürchten. Berücksichtigen Sie auch solche Situationen, denen Sie am liebsten aus dem Weg gehen möchten oder die Sie tatsächlich vermeiden. Vergegenwärtigen Sie sich alle diese Situationen ganz detailliert und versuchen Sie, sie offen und ehrlich zu notieren.

Berücksichtigen Sie bei der Ausformulierung der Situationen, daß Sie jeweils konkrete einzelne Situationen beschreiben, nicht eine Abstraktion mehrerer Einzelsituationen wie z.B. »Sprechen mit mehreren Personen«. Eine solche Pauschalformulierung ist unbedingt zu vermeiden, läßt sie doch offen, um wie viele Personen es sich genau handelt, ob es bekannte oder fremde Leute sind, Familienangehörige oder Vorgesetzte. Unklar bleibt, über welche Inhalte gesprochen wird, wie vertraut die Inhalte dem Sprecher sind und mit welcher Lautstärke oder Ausdrucksweise er sich verständlich machen will. Die Pauschalformulierung gibt auch keine Auskunft über den äußeren Rahmen, in dem sich das Ganze abspielt, über das Verhältnis der beteiligten Personen zueinander und über deren Verhalten.

Ganz anders sieht es bei einer konkreten Situationsbeschreibung aus, für die hier drei Beispiele gegeben werden:

- In der Mittagspause sitze ich in der Kantine der Firma mit drei Kolleginnen, mit denen ich täglich zusammenarbeite, am Tisch. Ich schweige, während sie eine Meinungsverschiedenheit lautstark austragen. Plötzlich fordern sie mich auf, Stellung zu beziehen.
- An einem kalten und diesigen Wintermorgen hetze ich über die belebte Straße. Ich habe den Bus verpaßt und werde wieder 10 Minuten zu spät zur Arbeit kommen. Da hält mich plötzlich ein guter Nachbar fest, der mir nachgelaufen ist und bittet mich, sein Auto anschieben zu helfen.
- Ich merke erst an der Kasse des Selbstbedienungsgeschäftes, daß ich meine Geldbörse vergessen habe. Die Kassiererin wird bereits ungeduldig. Da sehe ich weiter hinten in der Schlange einen mir unsympathischen Vorgesetzten.

Nehmen Sie die Beschreibung Ihrer eigenen Belastungssituationen nach den folgenden sieben Gesichtspunkten vor (entsprechend der Formulierung der drei obigen Beispiele):

Ich-Form: Beschreiben Sie eine Situation so, als befänden Sie sich selbst in ihr.

Gegenwartsform: Formulieren Sie so, als würde die Situation gerade jetzt stattfinden.

2 bis 4 Sätze: Jede Situationsbeschreibung ist kurz zu halten, sollte dabei aber genaue Einzelheiten benennen über:

Ort: Wo ereignet sich die Situation? Zum Beispiel: »In der Kantine der Firma«, »auf der belebten Straße«, »an der Kasse des Selbstbedienungsgeschäfts«.

Personen: Wer ist anwesend? Wer sind gerade die Gesprächspartner? Welches Verhältnis besteht zu ihnen? Zum Beispiel: »Drei Arbeitskollegen, mit denen ich täglich zusammenarbeite«, »ein guter Nachbar«, »unsympathischer Vorgesetzter«.

Handlung: Was passiert zwischen den beteiligten Personen? Wie verhalten sie sich zueinander? Zum Beispiel: »Ich sitze schweigend dabei, man fordert mich auf, Stellung zu nehmen«, »der Nachbar hält mich fest und bittet mich um einen Gefallen«, »die Kassiererin blickt mich ungeduldig an«.

Umstände: Unter welchen Bedingungen findet die Situation statt? Wie ist der äußere Rahmen? Zum Beispiel: »Während der Mittagspause«, »ich müßte eigentlich seit 10 Minuten im Büro sein«, »ich muß bezahlen, habe aber kein Geld dabei«.

3. Selbstbeobachtung in schwierigen Alltagssituationen

Es kommt immer wieder vor, daß man alltägliche Belastungssituationen verdrängt – oft ist das ein Segen, sonst müßte man sich ja ständig mit negativen Gefühlen und Gedanken beschäftigen. Wir können davon ausgehen, daß auch Sie sich nicht an sämtliche Situationen erinnern, die in Ihrem Leben Verspannungen, Unbehagen und Nervosität auslösen. Dies ist nur dann möglich, wenn Sie die Begebenheiten Ihres Tagesablaufes ein wenig genauer unter die Lupe nehmen und beobachten, ob es zusätzliche Situationen gibt, die sie vergessen haben: Auf diese Weise wird Ihnen eine Reihe neuer Situationen zum Aufschreiben bewußt werden. Andererseits ermöglichen diese Selbstbeobachtungen aber auch, bereits notierte Situationen zu streichen, die sich in der Realität als unproblematisch erweisen sollten. – Mit Hilfe der Selbstbeobachtungen im Alltag können Sie die Liste schwieriger Alltagssituationen ergänzen und überarbeiten.

Klären Sie bei Ihrem Nachdenken über die einzelnen Situationen, ob Sie die Belastungen, die Sie dort erleben, nicht weiterhin tragen können: Das Leben wimmelt von schwierigen Situationen. Warum sollte denn alles immer »glatt« und »locker« gehen? Müssen Sie immer »gut dastehen«, immer perfekt, ohne Schwächen erscheinen? Könnten Sie sich Ihre Unsicherheiten nicht einfach ein wenig mehr zugestehen? Vielleicht sollten Sie geduldiger mit sich umgehen oder sich selbst liebevoller annehmen, so wie Sie sind? Oft zeugt es von einer großen Stärke, wenn sich ein Mensch überhaupt den Anforderungen in schwierigen Alltagssituationen stellt und sie durchsteht. Und er könnte stolz darauf sein, dies immer wieder zu schaffen. – Vielleicht kommen Sie aufgrund dieser Überlegungen noch einmal zu einer Streichung einzelner Situationen oder zu Veränderungen in Ihrer Liste.

Wenn Ihnen die ermittelten Situationen allerdings so viel Unbehagen bereiten, daß Sie anfangen, sie vermeiden zu wollen, und wenn Sie beginnen, Ihre Selbstachtung zu verlieren, weil Sie sich nicht mehr selbstbestimmt verhalten, dann bietet es sich an, diese Belastungssituationen mit dem vorliegenden Programm zu bearbeiten.

4. Rangreihe schwieriger Alltagssituationen bilden

Nachdem Sie die Liste Ihrer Belastungssituationen um weitere Eintragungen vervollständigt haben (Hinweise zur Konkretisierung der Situationen berücksichtigen!), geht es nun darum, die Situationen nach ihrem jeweiligen Schwierigkeitsgrad zu ordnen, sie in eine Abfolge zu bringen. Es entsteht eine Rangreihe, bei der am einen Ende diejenige Situation steht, die Sie glauben am ehesten aufsuchen bzw. bewältigen zu können, während am anderen Ende diejenige Situation steht, die Ihnen unbewältigbar bzw. extrem beängstigend erscheint. Bei der Beurteilung des Schwierigkeitsgrades werden Ihnen auch hier wieder Selbstbeobachtungen im Alltag weiterhelfen. Verlassen Sie sich also nicht auf bloße Vermutungen, die Sie im stillen Kämmerlein anstellen, sondern suchen Sie diese Situationen, soweit dies möglich ist, in Ihrem Lebensumfeld auf. Dabei wird sich vielleicht die eine oder andere neue Situation ermitteln lassen, die Sie dann jeweils an entsprechender Stelle in Ihre Rangreihe einordnen können. Oder es werden sich Verschiebungen in der Rangreihe ergeben, weil Sie bei den Beobachtungen in der Realität zu anderen Einschätzungen des Schweregrades einzelner Situationen gekommen sind.

5. Zielverhalten für die Situationsbewältigung erarbeiten

Nachdem Sie die Belastungssituationen gesammelt und in eine Rangreihe gebracht haben, geht es nun darum, sich zu überlegen, wie Sie sich in den einzelnen Streßsituationen am liebsten verhalten würden. Wie würden Sie gerne auftreten wollen, wie die schwierigen Anforderungen bewältigen? Um dies klären zu können, verfahren Sie am besten wie folgt:

- Vergegenwärtigen der schwierigen Alltagssituation

Gehen Sie in Gedanken die Belastungssituationen Ihrer Rangreihe, beginnend mit der leichtesten, durch: alle Einzelheiten, durch die Sie verunsichert werden können bzw. die Angst auslösen, sollen lebhaft vergegenwärtigt werden (z.B. »Die Blicke der Anwesenden sind auf mich gerichtet.«). Stellen Sie sich am besten die Örtlichkeit, die Umstände und die beteiligten Personen mit deren Verhaltensweisen so detailliert wie möglich vor. Besonderheiten der Sprache, der Mimik und Gestik können ebenso dazugehören wie Geräusche, Farben und Bewegungsabläufe.

- Festsetzen des eigenen Zielverhaltens

Überlegen Sie nun, welche Verhaltensweisen Sie zeigen müßten, damit Ihnen die Bewältigung dieser Belastungssituation angemessen gelingen würde. Denken Sie sich ruhig mehrere Handlungsmöglichkeiten aus und spielen Sie dann jede einzelne in Gedanken durch. Es geht nicht um allgemeine Vorsätze (»Ich müßte sicherer auftreten«) oder abstrakte Einstellungen (»Untergebene sind auch Menschen«), sondern um ganz konkrete Verhaltensweisen, um das, was Sie tun können (»Ich blicke ihm in die Augen«, »ich spreche laut«, »ich unterbreche seinen Monolog«). Erproben Sie in Ihrer Vorstellung die einzelnen Verhaltensmöglichkeiten. Achten Sie dabei darauf, welche Handlungsalternative Ihnen am ehesten liegt und zu Ihnen paßt. Und prüfen Sie, welche Konsequenzen die einzelnen Handlungsalternativen nach sich ziehen – wie werden die anderen Personen reagieren und wie können Sie mit diesen Reaktionen fertig werden?

Wählen Sie aus den erarbeiteten Handlungsweisen diejenige Verhaltensalternative aus, die Ihnen am erfolgversprechensten erscheint und mit deren Auswirkungen Sie zufrieden sein können. Schreiben Sie sie neben die Belastungssituation, so daß Sie zusätzlich zur Rangreihe nun auch eine Liste des Zielverhaltens erhalten.

Verfahren Sie auf diese Weise mit allen Belastungssituationen Ihrer Rangreihe.

6. Entspannungsübung mit Bewältigungstraining koppeln

Nun geht es darum, mit den bisherigen Belastungssituationen auf eine neue Art und Weise gedanklich umzugehen: Statt über die Situationen zu grübeln, das eigene Versagen vorwegzunehmen, Mißerfolge ängstlich auszumalen und mit sich selbst zu hadern, sollen nun positive Empfindungen, Gedanken und Gefühle aktiviert und an die einzelne Situation gekoppelt werden. Die Situation soll gedanklich positiv bewältigt werden. Auf diese Weise lassen sich negative Erwartungen abbauen, die mit der einzelnen Streßsituation bisher verknüpft waren. Unterstützt werden soll dieser Vorgang durch den Einsatz der Progressiven Muskelentspannung, die Sie nun bereits gut beherrschen müßten, um sich schnell und intensiv willentlich entspannen zu können.

● Entspannungsübung durchführen

a) Führen Sie eine Entspannungsübung durch, die zu einer tiefen Ruhe führt. Der Teil 4, 5 oder 6 der Progressiven Muskelentspannung (siehe Programm I) bietet sich hierzu an.
b) Unter Beibehaltung der gleichen Sitzposition beginnen Sie dann die erste Streßsituation Ihrer Rangreihe so zu beschreiben, als würden Sie sie zu Ihrer vollen Zufriedenheit bewältigen. (Der Ablauf dieses »Bewältigungstrainings in der Vorstellung« wird im nächsten Punkt erläutert.) Aus der Entspannung heraus gelingt es viel leichter, sich angstfrei und sicher mit der unbehaglichen Belastungssituation auseinanderzusetzen. Dabei kommt die sogenannte »antagonistische Wirkung« von Entspannung zum Tragen, wie sie im Einführungsteil des Buches beschrieben wurde: In Gegenwart von tiefer Ent-

spannung haben Unruhe und Angst keine Chance, sind Nervosität und Unsicherheit deutlich reduziert. Und was Sie im eigenen Kopf auf diese Weise bereits bewältigt haben, wird sich dann auch in der Realität bedeutend leichter bewältigen lassen.

- Situationsbewältigung verbalisieren

a) Vergegenwärtigen Sie sich, unmittelbar am Ende der Entspannungsübung, aus dem tiefen Gefühl der Entspannung heraus, die Belastungssituation mit ihren verunsichernden Merkmalen.
b) Beschreiben Sie dann die Situation, indem Sie laut (oder in Form eines inneren Sprechens) vor sich hinreden: Sie selbst sollen in der Szene so handeln, daß Sie zu einer erfolgreichen Bewältigung kommen. Malen Sie sich ganz plastisch aus, wie Sie mit größter Selbstverständlichkeit über Ihr Zielverhalten (das Sie ja bereits erarbeitet haben) verfügen. Befürchtungen (»Ich glaube, das schaffe ich nicht«) gehören jetzt ebensowenig in die Beschreibung wie Verneinungen oder Wörter, die Zweifel (»vielleicht«, »ich befürchte«) oder Wünsche ausdrücken (»ich will«, »möchte«, »versuche«). Wählen Sie prägnante, kurze Sätze, beschreiben Sie die Handlung, als würde sie gerade stattfinden (Gegenwartsform), und sprechen Sie dabei in der Ich-Form. Die Situationsbewältigung soll eindeutig und klar sein.
Achten Sie bei Ihrer sprechenden Bewältigung darauf, daß Sie detaillierte Angaben machen über Ort, Zeit und Merkmale der Situation, über die Umstände und das Verhalten der beteiligten Personen. Bei diesem Verfahren ist es wichtig, nicht die Situation zu beschreiben, wie Sie sie bisher erlebt haben, sondern die Situation gedanklich in ein »Erfolgserlebnis« umzuwandeln, bei dem Sie sich Ihren eigenen Wünschen gemäß verhalten können. Es geht also um eine intensive gedankliche Vergegenwärtigung des Bewältigungsvorganges und der dazu notwendigen eigenen Aktivitäten.
Zur Unterstützung dieses Bewältigungstrainings bietet es sich an, die Situationsbeschreibungen mit positiven Gedanken und Gefühlen anzureichern. Besonders gut eignen sich hierzu »Selbstermutigungen« (z.B. »Das schaffe ich spielend«, »nur vorwärts«, »mir macht keiner was vor«), »positive Selbstbeschreibungen« (z.B.

»Ich kann laut und deutlich sprechen«, »ich kann gut improvisieren«) und »positive Selbstbewertungen« (z.B. »Das habe ich gut gemacht«, »mir ist es gelungen, Blickkontakt zu halten«). – Das folgende Beispiel veranschaulicht eine solche Situationsbewältigung:

»Ich betrete den Raum. Fünfzehn neugierige Gesichter. Alle blicken mich an. Zwei meiner neuen Kollegen tuscheln miteinander. Der Chef nennt meinen Namen. In einer sehr unpersönlichen und kühlen Art fordert er mich auf, daß ich mich vorstelle und daß ich beschreibe, mit welchem Arbeitsgebiet ich mich bisher beschäftigt habe (Situationsbeschreibung). Ich blicke in die Runde, sehe den Chef an und nicke leicht mit dem Kopf (Beschreibung des eigenen Zielverhaltens). Ich weiß, daß ich ein guter Mitarbeiter bin (positive Selbstbeschreibung). Mich bringt nichts aus der Ruhe (Selbstermutigung)! Ich beginne zu sprechen, laut und deutlich (Zielverhalten). Nur weiter so (Selbstermutigung)! Alle hören mir zu (positive Konsequenzen des Zielverhaltens). Zwischenfragen beantworte ich ruhig und sachlich (Zielverhalten). Es tut mir gut, auf so viel Interesse zu stoßen (Einbeziehung angenehmer Gedanken und Gefühle in die Situationsbewältigung). Ich stelle meinerseits Fragen zum Betrieb an einen älteren Kollegen und blicke ihn dabei freundlich an (Beschreibung des Zielverhaltens). Ich erhalte keine Antwort. Ein betretenes Schweigen entsteht (Situationsbeschreibung). Nur die Ruhe bewahren! Weiterfragen (Anweisung zum positiven Handeln/Zielverhalten)! Ich weiß, daß ich improvisieren kann (positive Selbstbeschreibung)! Ich wende mich mit einer Frage an eine Arbeitskollegin (Zielverhalten). Sie gibt die erwünschte Auskunft (Situationsbeschreibung). Ich habe die Situation gemeistert, ich kann wirklich zufrieden mit mir sein (positive Selbstbewertung).«

c) Treten während des intensiven Vorstellungstrainings Unruhe, Unbehagen oder Ängste auf, so sollten Sie sich kurz Ihrem Körper zuwenden und sich gezielt entspannen: Beobachten Sie Ihren Körperzustand, erspüren Sie, wo Sie unwillkürlich verspannt haben, geben Sie sich Anweisungen zum Loslassen und konzentrieren Sie sich auf diejenigen Muskelpartien, die Ihnen besonders leicht zugänglich sind, setzen Sie das Signalwort ein. Kehren Sie dann zu ihrem Bewältigungstraining in der Vorstellung zurück.

d) Erst wenn Sie zweimal hintereinander eine Situation Ihrer Rangreihe bewältigt haben, ohne daß dabei Unruhe und Ängste aufgetreten sind, können Sie beginnen, die nächste Situation Ihrer Rangreihe auf die beschriebene Weise zu bearbeiten.

7. Selbständige Weiterarbeit

Das Bewältigungstraining in der Vorstellung bezieht sich auf all die Situationen, die Sie in Ihre Rangreihe aufgenommen haben. Halten Sie sich konsequent daran, diese Situationen erst dann im Alltag bewältigen zu wollen bzw. sie in der Realität mit neuem Schwung aufzusuchen, wenn Sie sie vorher wiederholt im Vorstellungstraining sicher und entspannt durchlaufen konnten.

In Ihrem Alltag werden Sie Erfahrungen mit immer neuen Belastungssituationen sammeln und dabei für sich entscheiden können, ob Sie einzelne dieser Situationen in Ihre Rangreihe aufnehmen und im Vorstellungstraining bearbeiten wollen. Wichtig ist, daß Sie nicht von sich fordern, eine Situation, die Sie gerade in der Vorstellung bewältigt haben, nun sogleich prompt in der Realität bewältigen zu müssen: Verbissenheit lohnt sich nicht. Unter Druck reagiert der Mensch meist wenig flexibel. Lassen Sie sich Zeit mit dem Ausprobieren – und wählen Sie ruhig einen Tag, an dem Sie sich wohl fühlen, dann werden Sie Ihre versteckten Fähigkeiten viel eher mobilisieren können.

Sie werden spüren, daß sich Ihre Phantasie beim Vorstellungstraining zunehmend entfaltet und daß Sie sie in den unterschiedlichsten Lebensbereichen sinnvoll einsetzen können. Vielleicht gibt es ja auch – unabhängig von der Arbeit mit diesem Programm – einige alltägliche Begebenheiten, angesichts derer Sie auf Ihr positives Denken zurückgreifen können und wo Sie es genießen, die Kraft innerer Bilder als individuelle Stärke zu nutzen.

Literatur

Erickson, M.H./Rossi, E.L.: Hypnotherapie. Pfeiffer, München 1991

Mahoney, M.: Kognitive Verhaltenstherapie. Neue Entwicklungen und Integrationsschritte. Pfeiffer, München [2]1979

Wendlandt, W.: Gedankentraining. In: Selbstsicherheitstraining. Praktischer Teil. In: Wendlandt, W./Hoefert, H.-W.: Selbstsicherheitstraining. Otto Müller Verlag, Salzburg 1976, S. 112–129

Motivationshilfen für die Arbeit mit den fünf Trainingsprogrammen

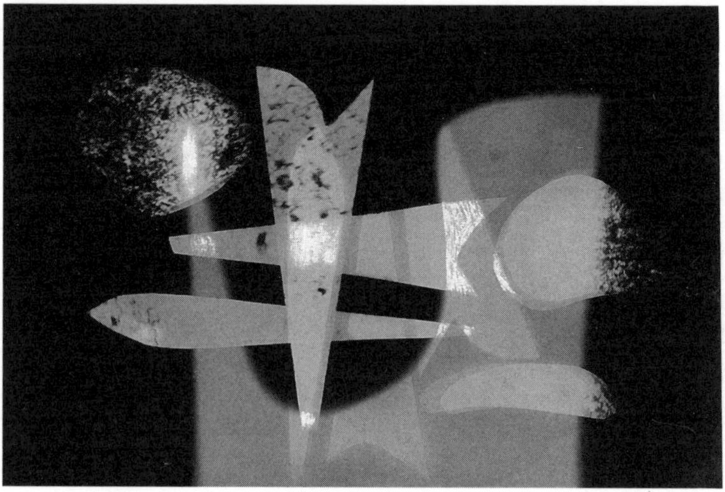

Zur Durchführung
Dieses Kapitel kann begleitend zur Bearbeitung aller fünf Trainingsprogramme gelesen werden.

Zum Inhalt
Es ist nicht immer einfach, mit Ruhe und Ausdauer selbständig zu üben und sich durch die oben beschriebenen Programme schrittweise hindurchzuarbeiten. Die folgenden Hinweise helfen, bei all dem Neuen einerseits nicht außer Atem zu kommen, andererseits aber auch nicht zu früh aufzugeben. Und sie unterstützen dabei, den Blick offen zu halten für positive Veränderungen, die sich bereits eingestellt haben.

1. Einführung

Nicht alle Menschen kommen in gleicher Weise mit dem Erlernen einer neuen Fertigkeit zurecht – das ist beim Entspannungstraining nicht anders als beim Lernen des Autofahrens oder eines Instrumentes. Es gibt individuelle Unterschiede im Lerntempo und im alltäglichen Umgang mit den einzelnen Übungen. Manche Menschen werfen sich voller Eifer und Tatkraft in die Entspannungsaufgaben, andere sind eher zögerlich und abwartend. Der eine schielt ständig nach atemberaubenden Erfolgen im Arbeitsleben, die er sich aufgrund der gewonnenen größeren Gelassenheit erhofft, der andere läßt sich eher überraschen, was sich da wohl alles Neues in seinem Leben einstellen mag.

Im folgenden werden einige Überlegungen angestellt, wie man sich die Arbeit mit den fünf Trainingsprogrammen erleichtern kann. Und wie man mit den »Durststrecken« fertig wird, die sich prompt dann einstellen, wenn man sie am wenigsten erwartet.

2. Erinnerungssignale für das Entspannungstraining festlegen

Es wäre schon ein Wunder, wenn Sie immer regelmäßig das Entspannungstraining durchführen würden. Warum sollte es nicht vergessen werden, wo wir doch so vieles vergessen, was wir uns vornehmen. Es ist also durchaus »normal«, wenn Ihnen die tägliche und regelmäßige Durchführung der Entspannungsübungen schwer fällt.

Wie sind Handlungen, die uns früher fremd waren, zu Gewohnheiten geworden, Handlungen, die wir heute »wie nebenbei«, »wie von selbst« ausführen, ohne daß wir uns ständig dazu zwingen müßten? Denken Sie ans Zähneputzen: Durch das ständig wiederholte Putzen haben sich die komplexen Putzbewegungen automatisiert. Und auch die Ausführung dieser Handlung wird kaum noch vergessen, weil es dafür in der Regel – zum Beispiel morgens – deutliche Signale gibt: Die Zahnbürste fällt uns bei unserer morgendlichen Toilette vor dem Waschbecken wiederholt ins Auge, oder der noch schlaftrunkene Geschmack im Munde drängt uns dazu, ein frischeres Empfinden auf der Zunge spüren zu wollen. Häufig sind es also bestimmte Signale, die wir (bewußt oder unbewußt) wahrnehmen und die uns zur Ausführung bestimmter Handlungen veranlassen.

Wie können Sie sich im Tagesablauf, bei all der Hektik, bei all den vielen Anforderungen, die manches Mal auf Sie einstürmen, tatsächlich zum Entspannen bringen? Denken Sie darüber nach! Vielleicht wollen Sie sich im Grunde ja gar nicht wirklich in die Ruhe hineinbegeben, vielleicht erlauben Ihre Lebensumstände gar kein »Loslassen«, vielleicht müssen Sie weiter durch das Leben spurten ..., angespannt Ausschau halten ..., auf der Lauer liegen ..., festhalten. Oder vielleicht ist einfach nur der Stuhl zu unbequem. Oder Sie haben Angst, daß Ihr Partner ins Zimmer treten könnte, wenn Sie gerade entspannen und daß er sich dann mächtig wundern würde, was Sie da wohl tun (es wäre also notwendig, mit ihm einmal über das Entspannungstraining zu reden). Oder Sie befürchten, daß Sie während der Übung sonstwie gestört werden könnten (stellen Sie ruhig einmal das Telefon ab!). Oder Sie führen die Entspannungsübungen ausgerechnet immer dann durch, wenn Sie noch voller Wut und Ärger aufgrund eines Mißerfolgs oder einer zwischenmenschlichen Auseinandersetzung sind und wundern sich, warum gerade dann, wenn Sie die Entspannung so dringend notwendig haben, sie sich nicht einstellt. – Auf jeden Fall lohnt es sich, in Ruhe nachzuforschen, was dem Entspannen entgegensteht.

Manch einer wird zum Ergebnis kommen: Ich will wirklich üben, ich vergesse es leider nur ab und zu. Hier sei an das Zähneputzen erinnert. Wie wäre es, wenn Sie sich in einem solchen Fall ein Signal für »Entspanne!« ausdenken würden? Für den einen könnte das ein Handschmeichler aus Holz sein, den er vielleicht selbst geformt und fein abgeschliffen hat, mit schöner Maserung, und den er in seiner Hosentasche bei sich trägt. Für eine andere wäre es vielleicht ein schöner Stein oder eine geheimnisvoll glänzende Glaskugel? Oder es sind stimmungsvolle Bilder von »schönen Flecken dieser Erde«, eigene Fotos mit Motiven von Ruhe und Wohlbehagen, die Sie sich an die Tür Ihres Zimmers hängen (oder an alle Türen der Wohnung), so daß beim Verlassen des Raumes ein Blick darauf fallen kann. Oder es ist einfach nur ein »E« oder ein »ET«, das Sie auf die Wählscheibe des Telefons kleben, auf das Gehäuse der Schreibmaschine oder auf den Wandspiegel im Flur, Buchstaben, die Sie an »Entspannen« oder »Entspannungstraining« erinnern. Manch einer hilft sich auch mit einem grünen Punkt auf dem Fernseher (erst entspannen, dann glotzen) oder über dem Anlasser (Zündschlüssel erst abziehen und aussteigen, nachdem ich eine Kurzentspannung gemacht habe). Manchmal reichen ja auch die Entspannungsbögen, die deutlich sichtbar auf dem Schreibtisch liegen, als Erinnerungshilfe aus.

Vielleicht bemerken Sie, wenn Sie mit Hilfe der »Erinnerungssignale« zu einem regelmäßigen Üben gelangen konnten, daß Sie nach einiger Zeit dazu neigen, diese Signale doch wieder zu übersehen. Kein Wunder – der Signalcharakter verliert sich! Finden Sie neue Signale! Vielleicht solche, die Ihnen noch gemäßer sind, die besser zu Ihnen passen, die lustiger aussehen oder angenehmer zu betrachten sind.

3. »Runterschalten«

Menschen neigen dazu, schwierigen Situationen aus dem Weg zu gehen. Nicht jeden lockt der Kitzel des Neuen oder die Herausforderung durch eine schwere Aufgabe. Kein Wunder also, daß manche Menschen die Entspannungsübungen, zum Beispiel die letzten Schritte der Generalisierungsmaßnahmen, nur zögerlich oder unregelmäßig anwenden (und das, obwohl sie ihren Lebensraum mit ausreichend vielen und immer wieder neuen Erinnerungssignalen versehen haben). In der Folge treten bei ihnen häufig Unzufriedenheiten und Selbstvorwürfe auf, was wiederum die Freude am weiteren Erproben und Anwenden von Entspannung mindert.

Diese »Durchhänger« gehören zu jedem Lernvorhaben dazu. Sie darf man getrost erwarten. Und mit ihnen kann man liebevoll umgehen. Zwang ist meist der falscheste Weg. Eine selbstverordnete Pause ist schon besser. »Abwechslung« kann ein besonders hilfreiches Prinzip sein, wenn die Motivation nachläßt. Das folgende Verfahren stellt eine solche »Abwechslung« dar, bei dem es nicht unmittelbar und direkt um Entspannung geht, bei dem Entspannung aber als Folge der Übung eintritt: das Verfahren des »Runterschaltens«.

Hierbei geht es um dreierlei:

a) Konzentrieren Sie sich auf Ihren aktuellen Körperzustand, durchstreifen Sie kurz ihren Körper, nehmen Sie das momentane Körperempfinden wahr.

b) Bewerten Sie, still für sich, den aktuellen allgemeinen Spannungsgrad Ihres Körpers auf einer Skala von 0 bis 100: »null« entspricht »total entspannt«, »hundert« entspricht »total angespannt«.
c) Halten Sie ganz kurz inne (im Reden, im Essen bzw. bei der gerade ablaufenden Handlung) und geben Sie sich das Signal »Runterschalten!« Das soll heißen, den Körper insgesamt so zu lockern, daß die imaginäre Spannungsskala nun z.B. 20 oder 30 Punkte weniger anzeigt. Dazu verändern Sie am besten die Sitzposition oder die Körperhaltung insgesamt, die Lautstärke der Stimme oder das Tempo des Sprechens; gegebenenfalls können Sie auch gezielt eine bestimmte Muskelpartie loslassen. Oder Sie setzen Ihr Signalwort ein.

Dieses Verfahren läßt sich sehr einfach und ohne großen Aufwand in allen möglichen Alltagssituationen anwenden und bedarf keiner besonderen »Anstrengung«. Es läßt sich »wie nebenbei« realisieren – egal ob Sie gerade schweigen oder sprechen, sitzen oder stehen, mit Kollegen essen oder eine Verabredung am Telefon treffen. Es geht lediglich um ein ganz kurzes Einpegeln des Körperzustandes auf ein niedrigeres Niveau. Nach dieser »inneren Aktion« können Sie sich dann wieder gedanklich »nach außen« wenden, wieder in der Tätigkeit fortfahren. Dabei werden Sie erfahren, daß Sie nun Ihre »äußeren Aktionen« mit weniger Anspannung und Unruhe ausführen können.

»Runterschalten« kann mit sehr unterschiedlichen Bildern verknüpft sein: Manche haben die Vorstellung, einen Schalter umzulegen, andere einen Dimmer herunterzuregeln, wiederum andere steigen stufenweise wie auf einer Leiter herab, andere schieben einen Hebel vor oder zurück, und manche haben das Gefühl, eine Weiche zu stellen, so als ob sie nun auf einer neuen Schiene freier vorwärts kämen.

Das »Runterschalten« ist keine vorgegebene Übung für vorgegebene Situationen. Es kann nach Lust und Laune in allen möglichen Lebenssituationen eingesetzt werden. Es ist wie ein Spiel, das Ihnen bald leicht von der Hand gehen wird. Und das beginnt, schnell Spaß zu machen. Dabei kann die Spannungsveränderung durchaus in beide Richtungen der Skala vorgenommen werden: Sie dürfen also öfter auch »hochschalten«. Dabei werden Sie erfahren, wie einfach es ist, sich selbst in Anspannung zu versetzen, sich zu verspannen und fest zu machen. Kontrastieren Sie ruhig »Runterschalten« und »Hochschalten«

miteinander: Zum Beispiel versuchen Sie zuerst um 20 Punkt runter-, dann um 40 Punkte hochzuschalten, um abschließend erneut 60 Punkte runterzuschalten. Es können gleichmäßig kleine oder aber größere Sprünge sein, Spannungsveränderungen in beide oder nur in eine Richtung. Der flexible Wechsel in diesem »Spiel mit Spannung« stärkt die Gewißheit, jederzeit selbst Einfluß auf den eigenen Körperzustand nehmen zu können.

Das »Runterschalten« ist eine Maßnahme, die große Nähe zur Übung 4 im Programm IV (siehe oben: »Sensibilisierung für den gesamtkörperlichen Zustand« (S. 84f.) aufweist. Lesen Sie dort noch einmal nach.

4. Arbeitsbögen anlegen

Von nicht zu unterschätzender Bedeutung für den Erfolg eines Entspannungstrainings ist häufig, ob gezielt und systematisch vorgegangen wird: Etwas »lernen wollen« bedeutet zu *planen,* was man erproben möchte, dies dann *durchzuführen* und anschließend zu *analysieren,* ob das Vorgenommene auch tatsächlich erreicht werden konnte bzw. warum es »daneben ging«. Innerhalb dieses Prozesses vom »Ich-will-etwas« bis zum »Ich-habe-es-geschafft« finden in der Regel wichtige Teilschritte statt: So wird z.B. der zeitliche Rahmen abgesteckt, innerhalb dessen man etwas erreichen möchte; es wird festgelegt, was genau man tun will und welche Situationen sich überhaupt zum Üben eignen; es wird überlegt, ob man in Streßsituationen überhaupt sein eigenes Verhalten unverfälscht wahrnehmen kann oder ob es notwendig wäre, sich eine »objektive« Rückmeldung (z.B. durch einen unvoreingenommenen Dritten) zu verschaffen. Auch gilt es zu klären, wie man sich günstige Lernbedingungen schaffen kann und wer gegebenenfalls als Unterstützer zu gewinnen ist oder aber auch als Kompagnon für ein gemeinsames Entspannungsvorhaben zur Verfügung steht.

Die Eigenarbeit mit dem Entspannungstraining wird in den ersten Monaten um so erfolgreicher sein können, desto kontinuierlicher sie stattfindet und nicht – je nach Müdigkeit und Laune – täglichen Schwankungen unterworfen ist. Zur Unterstützung eines zufriedenstellenden Selbsttrainings bietet es sich an, Arbeitsbögen anzulegen: Sie erlauben einerseits, den Ablauf und die Inhalte der Eigenarbeit vorzustrukturieren. Und sie regen andererseits zu regelmäßigen Rückmeldungen über ausgeführte Übungen und erzielte Erfahrungen an. So kann z.B. ein Blatt mit drei Spalten angelegt werden: In die erste wird vorab notiert, was man tun möchte (Trainingsaufgabe/Ziel), in den freien Platz daneben wird eingetragen, was man tatsächlich getan hat (durchgeführte Handlung), und in die dritte Spalte wird geschrieben, wie man das eigene Verhalten beurteilt und welche Schlußfolgerungen man daraus zieht (Bewertung).

Andererseits läßt sich auch ein längerfristiges Übungsprogramm erstellen, das für die Dauer eines ganzen Monats gelten kann. So legt z.B. eine Person, die die sechs Trainingsteile der Progressiven Muskelentspannung gelernt hat, fest, welche Schritte nun in den kommenden Wochen zu bearbeiten sind: Welche Übungsaufgaben sollten in der ersten Woche bearbeitet werden, welche fallen davon in der zweiten Woche weg, welche behalten weiterhin Gültigkeit, welche müssen neu hinzukommen? (Siehe hierzu das Beispiel des Arbeitsbogens auf der nächsten Seite.)

Natürlich können auch ganz andere Formen von Arbeitsbögen erdacht werden: Sie sollten immer die eigenen Vorlieben berücksichtigen und auf die eigene Lebenssituation abgestimmt sein.

5. Eigene Ideen erproben

Die Übungen und Hinweise in diesem Buch haben den Charakter von Vorschlägen bzw. Anregungen. Sie sind nicht als starre Regeln zu verstehen, die in der vorgegebenen Weise eingehalten werden müssen. Vielmehr geht es darum, daß Sie die Übungen auf Ihre individuelle Lebenssituation abstimmen und dabei Ihre persönlichen Denkweisen und Fähigkeiten berücksichtigen. Bei diesem Prozeß werden Ihnen immer wieder zusätzliche Ideen für Übungen einfallen, ganz eigene Vorgehensweisen oder Durchführungswege. Nehmen Sie diese eigenen Ideen ernst! Experimentieren Sie mit ihnen! Bereichern Sie das vorgegebene »Menü« durch Ihre eigenen »Gänge«. Oder durch das Hinzufügen von »Beilagen«. Oder durch Ihre individuelle »Würzung«. So wie es der Redakteur tat, der ein Großteil der Sensibilisierungsübungen

Beispiel: Arbeitsbogen »täglicher Übungsplan«

Geltungsdauer	Tägliche Trainingsaufgaben, Übungen	täglich wie oft?	Art und Bedingungen der Übung	Gedanken zur Übungsdurchführung
1. Woche	– ET 4	2x	1x »Vertiefen« 1x »Genießen«	
	– Sensibilisierungsübung	4x	am Arbeitsplatz, vor allem Schultern und Körper gesamt	
	– Selbstbeobacht. in Belastungssituationen: wo sind Verspannungen?	mehrfach	Erinnerungssignal an Telefon u. Tür des Dienstzimmers anbringen!!!	
	– Variation Sitzen	1x	– auf Küchenstuhl – Schreibtischsessel	
	– Plus-Erlebnisse notieren	1x	abends; Gespräch mit Freundin darüber	
2. Woche	– Neue Erinnerungssignale für ET u. Sensibilisierungsübungen erarbeiten	gleich Montag		
	– Kurz-ET ohne Anspannung	1x	Diagramm!	
	– Variation: ET im Stehen	2x	– zu Hause vor Waschbecken – an Bushaltestelle – vor Schreibtisch im Dienst	
	– Plus-Erfahrungen notieren	abends	gegebenenfalls ausführlichere Tagebucheintragungen	

überspringen konnte: Mit seiner selbsterfundenen Summ-Übung gelangte er, noch bevor er all die vorgeschlagenen Aufgaben ausprobiert hatte, zu einem umfassenden Körperempfinden. Er lief summend durch die Gegend und spürte die Vibrationen des Tones in den ganz zart aufeinanderliegenden Lippen, später auch im Hals- und Brustbereich sowie im Bauch.

6. Entspannung nicht erzwingen

Beim Erlernen des Entspannungstrainings ist es wichtig, daß Sie über die Gesamtdauer einer Übung gerne dabei bleiben. Zwingen Sie sich nicht, eine angefangene Übung bis zum Ende durchzuführen, wenn plötzlich unangenehme Körpergefühle oder quälende Gedanken auftauchen. Nutzen Sie die Möglichkeit, eine Übung spontan zu beenden und einen anderen Übungszeitraum zu wählen. Abbrüche können durchaus sinnvoll sein und sollten nie Anlaß für Selbstvorwürfe werden. Denn beim Erlernen von Entspannungsmethoden kommt es ganz üblicherweise immer wieder zu den folgenden Phänomenen, die eine Übungsdurchführung erschweren:

- Ungeduld und Unruhe treten auf, das stille Sitzen auf dem Stuhl macht nervös. Bei manchen Menschen hilft es, wenn sie noch einmal ihre Sitzposition verändern und eine für sie angenehmere Körperhaltung finden. Bei anderen ist es ratsamer, die Übungen kürzer zu gestalten – die Kribbligkeit wird sich mit der Zeit legen.
- Gedanken aus der aktuellen Lebenssituation schießen einem durch den Kopf: Es kann sich um »bedeutungslosen Kram« handeln oder um höchst brisante Themen, die gerade im Zustand von Ruhe und Entspannung dem Bewußtsein zugänglicher sind. Nehmen Sie sie als Zeichen, daß es da etwas zum Nachdenken und vielleicht auch zum Klären gibt, das nicht liegen bleiben sollte und dem Sie sich nach der Übung zuwenden können.
- Druck bzw. Schmerzen tauchen in einzelnen Körperpartien auf, die von Daueranspannungen herrühren. Sie werden jetzt wahrnehmbar, bleiben aber beim normalen Tagesbewußtsein mit seiner geringeren Körpersensibilität unterhalb der Wahrnehmungsschwelle. In die-

sem Sinne weisen die Schmerzen darauf hin, daß die Entspannungsübungen allemal notwendig sind und daß gegebenenfalls auch Korrekturen der Körperhaltung vonnöten wären.

- Das Gefühl für einzelne Körperpartien kann sich verändern, die Hand sich aufgrund der stärkeren Durchblutung z.B. »wie angeschwollen« anfühlen oder »riesige Ausmaße« annehmen, das Bein scheint »gar nicht mehr richtig da zu sein«. Abweichende Empfindungen vom vertrauten Körperschema sind durchaus üblich – sie lassen sich als sehr spannende neue Erfahrungen interpretieren und verlieren in der Regel sehr bald ihren fremdartigen Charakter.
- Unbehagen bei einer Übung kann auch daher rühren, daß die Tiefe des Entspannungszustandes als zu gering erachtet wird. Der eigene kritische Geist bewertet das erzielte Entspannungserlebnis als ungenügend, gibt sich nicht zufrieden mit dem »lauen« Ergebnis, will vielleicht zum gleichen Höhenflug wie das letzte Mal gelangen. Hier wird deutlich, daß der eigene Leistungsanspruch ein gewaltiger Störenfried im Übungsablauf werden kann. Entspannung ist kein Feld für Ehrgeiz! Gelassenheit täte besser – und ein Blick auf Seite 37 (Sensibilisierung vor Entspannung).

Vielleicht hilft es Ihnen zu wissen, daß derartige Phänomene beim Erlernen aller Entspannungsverfahren auftreten können. Vielleicht läßt dieses Wissen Sie ruhiger und geduldiger werden, wenn Sie sich einmal nicht so recht auf eine Übung konzentrieren können. Vielleicht können Sie die Übung kürzer machen als geplant. Vielleicht können Sie gezielter auf das innere Sprechen der Entspannungsinstruktionen achten, richtig deutlich sich selbst anweisen, was schon einen Großteil der ablenkenden Gefühle und Gedanken verschwinden lassen wird. Vielleicht probieren sie einmal aus, bei einer Übung nicht gleich die Augen zu schließen, schwinden doch oft die störenden Gedanken und Gefühle, wenn die Übung bei geöffneten Augen durchgeführt wird. Vielleicht beenden Sie aber auch einfach die Übung und finden einen besseren Zeitpunkt zur Wiederholung.

7. Plus-Erfahrungen notieren: sich am Positiven orientieren

Wer ist mit sich zufrieden? Haben wir nicht immer etwas an uns auszusetzen?

Ja, dieses und jenes sollten wir eigentlich viel, viel besser machen, sollten geistreicher reden, brillantere Einfälle haben, ein eindrucksvolleres Auftreten, ein hübscheres Outfit. Nicht wahr? Oder? Oder doch nicht?

Wir sehen nur unsere schiefen Zähne, aber nicht unser bezauberndes Lächeln, wir sinnen über unsere Schwächen und Mißerfolge nach, aber nicht über das, was uns gelungen ist. Wir freuen uns viel zu wenig über Situationen, in denen wir gut zurechtkommen, nehmen sie als selbstverständlich hin und setzen unsere Energie statt dessen mit viel Ausdauer (und viel lieber) für immer wiederkehrende Nörgeleien und Selbstvorwürfe ein, für ein Schielen nach Anerkennung oder eine Hatz nach überhöhten Ansprüchen.

Was gelingt Ihnen denn eigentlich schon ganz gut in punkto Entspannung? Wo sind Sie schon manchmal sensibel für eigene Körperwahrnehmungen und -empfindungen? Wann schaffen Sie es, Ihre Körperhaltung zu lockern, sich weniger verspannt hinzusetzen? Vielleicht gelingt es Ihnen, Körpersignale nicht mehr zu negieren, sondern sie als hilfreiche Hinweise anzunehmen, die auf eigene frustrierte Gefühle verweisen, auf Bedürfnisse, die Sie liegengelassen haben. In welchen Situationen können Sie schon auf Ruhe schalten, mehr loslassen, nicht gleich festmachen, zumachen, anspannen? Versuchen Sie dies einmal herauszufinden! Achten Sie auf derartige positive Erfahrungen (wir wollen Sie hier Plus-Erfahrungen nennen), betrachten Sie sich ruhig öfter aus diesem positiven Blickwinkel und verstauen Sie allmählich Ihre Negativ-Brille in den Falten der Vergangenheit. – Und damit Ihnen der Aufbau eines positiven Denkens auch tatsächlich gelingt (alte Gewohnheiten nehmen nur allzuschnell wieder ein Übergewicht ein), sollten Ihre positiven Beobachtungen »schwarz auf weiß« existieren: Legen Sie sich ein Heft an oder machen Sie sich Notizen in einem Büchlein. Dies intensiviert die Auseinandersetzung mit den positiven Erfahrungen und regt zu neuen Taten an. Notieren Sie diejenigen Situationen und eigenen Verhaltensweisen, die mit »Entspannen«, mit »Loslassen« und »zur Ruhe kommen« zu tun haben. Vielleicht gelingt es Ihnen, in bestimmten Situationen weniger ängstlich und angespannt zu reagieren, mit mehr Sicherheit und innerer Ruhe aufzutreten. Vielleicht gelingt es Ihnen jetzt schon öfter als früher, Ihren Körper wahrzunehmen und sensibler auf Körperempfindungen zu reagieren – z.B. rechtzeitig loszulassen und mit Entspannung gegenzusteuern, wenn sich Kopfschmerzen oder Schmerzen im Magenbereich oder Nacken bemerkbar machen. Beobachten Sie, wieweit Ihnen das schon gelingt. Und versäumen Sie nicht, auch kleinere positive Erfahrungen aufzuschreiben. Das heißt auch, sie anzunehmen, sie ernst zu nehmen und sich darüber zu freuen.

Die Auswertung Ihrer alltäglichen Erfahrungen wird Ihnen zunehmend leichter fallen, vor allem dann, wenn Sie Ihre Fragestellungen ganz konkret formulieren: Wie sitze ich am Mittagstisch, wie stehe ich im Gespräch mit Kollegen, wie ist meine Kopfhaltung bei einer Auseinandersetzung in der Familie? Wenn ich mich langweile, wie drücke ich das mit meinem Körper aus oder wenn ich wütend bin oder auf dem Sprung, um eine Gegenposition zu äußern? Was mache ich mit den Beinen, was mit den Händen oder den Fingern, wenn man mich kritisiert, wenn ich befürchte, durch andere nicht die Anerkennung zu bekommen, die mir eigentlich zustünde? Wo verfestigen sich die körperlichen Spannungen, die Ausdruck meiner inneren Spannungen sind? Im Nacken, im Bauch, auf der Stirn? Schlägt es mir auf den Magen? Ziehe ich den Kopf ein? Balle ich die Fäuste? Verschlägt es mir die Stimme? Oder stockt der Atem? Lasse ich die Schultern hängen? Geht es mir an die Nieren? Oder beiße ich die Zähne zusammen? Oder schlucke ich zu oft, z.B. den Ärger herunter?

Es kann aufregend sein, aufregend und spannend, sich selbst zu beobachten! Und wenn Sie dabei etwas herausfinden, dann ist das »eine gelungene Tat«, die Sie sich als »Plus-Erfahrungen« verbuchen können – auch dann, wenn Sie etwas herausgefunden haben, was Ihnen eigentlich an sich selbst nicht gefällt. (Erst wenn man weiß, was man tut, kann man realistisch über Veränderungen nachsinnen!) Und schielen Sie ruhig neugierig nach anderen Menschen! Wie ist es mit deren Körperspannung, mit deren Körpersprache? Schreiben Sie alles auf: In Ihr Büchlein gehören alle Empfindungen und Erfahrungen, die Ihnen im Zusammenhang mit Ihren Entspannungsübungen durch den Kopf gehen, durch das Herz und die Hand und den Bauch und den Fuß und … und … und … Manch einer verspürt vielleicht die Lust, sich in Gedichtform auszudrücken, vielleicht zum Thema »Anspannung«, so wie sie früher im eigenen Lebensalltag allgegenwärtig war.

Ermahnungen aus alter Zeit

Nimm dich in acht
und reiß dich zusammen
beiß die Zähne aufeinander
und laß dich nicht so gehn

Durchhalten heißt die Devise
keinen Schritt zurück
da muß man durch
auch wenn es schmerzt

früh übt sich
wer ein Meister werden will.

Literatur

Manch einer gelangt über das Notieren der Plus-Erfahrungen zu einer vertieften Auseinandersetzung mit seiner eigenen Person, findet Zugang zu bisher unbewußt gebliebenen Anteilen seiner Persönlichkeit und entdeckt neue Entfaltungsmöglichkeiten für seinen Lebensweg – siehe hierzu z.B.:

Gudjons, H./Pieper, M./Wagener, B.: Auf meinen Spuren. Das Entdecken der eigenen Lebensgeschichte. Rowohlt, Reinbek bei Hamburg 1986
Rico, G.: Garantiert Schreiben lernen. Rowohlt, Reinbek bei Hamburg 1984
Werder, L. von: Lehrbuch des kreativen Schreibens. IfK-Verlag Berlin 1990

Zum Einsatz der Programme

Zur Durchführung
Das letzte Kapitel sollte vor dem Einsatz der einzelnen Programme gelesen werden.

Zum Inhalt
Einleitend wird ein Überblick gegeben, welche der fünf Programme dieses Buches sich für welchen Personenkreis eignen, wobei dies vom jeweils individuellen Ziel, das mit der Entspannung erreicht werden soll, abhängig gemacht wird.

Es folgt eine Anleitung für ein Selbsttraining, das über zehn Wochen von interessierten Lesern eigenständig durchgeführt werden kann, und in dem die Programme I bis IV kombiniert sind.

Abschließend wird ein Trainingskonzept für die Gruppenarbeit (12 Wochen) vorgestellt: Psychosoziale Helfer, die mit allen fünf Trainingsprogrammen in ihrer beruflichen Praxis arbeiten möchten, erhalten Anregungen für die inhaltliche Gestaltung und Abfolge der einzelnen Übungen in den Sitzungen.

1. Individuelle Ziele und Kombination der Programme

Nicht für jeden Menschen, der mit Entspannungsmethoden arbeiten möchte, wird es notwendig sein, alle fünf Trainingsprogramme dieses Buches zu bearbeiten. Welches Programm für den einzelnen in Frage kommt, hängt jeweils vom individuellen Ziel ab, das der einzelne mit Hilfe der Entspannung erreichen will. Wenn Sie z.B. abends besser einschlafen möchten, wird Ihnen die Beherrschung der Progressiven Muskelentspannung (Programm I) dazu eine sehr gute Hilfe sein können. Die Durchführung weiterer Programme würde sich erübrigen. Sie kämen also mit einer viel kürzeren Gesamtzeit für das Training aus als jemand, der zusätzlich zum besseren Einschlafen auch das Ziel hat, Nervosität und Unsicherheit in Belastungssituationen des Alltags abzubauen und der dafür die Schritte auch des Programms II zu bearbeiten hätte.

Um deutlich zu machen, welches Programm für welchen Menschen geeignet ist und welche Programme miteinander kombiniert werden sollten, werden hier noch einmal die wichtigsten Ziele benannt, die mit Entspannungsverfahren erreicht werden können. Die jeweiligen Programme, die der Erreichung dieser Ziele dienen, sind in der folgenden Tabelle (siehe nächste Seite) angekreuzt; ein Kreuz in der Klammer (X) gibt an, welches/welche zusätzliche/n Programm/e als Ergänzung zum Einsatz kommen können. Dabei erhebt die tabellarische Übersicht nicht den Anspruch auf Vollständigkeit: Es gibt eine ganze Reihe weiterer Zielsetzungen, die einzelne Menschen veranlassen, Entspannungsverfahren zu nutzen. Hier sind nur die wichtigsten Ziele aufgeführt, die den Einsatz der fünf Programme begründen:

Ziele	Programme				
	I	II	III	IV	V
Steigerung des individuellen Wohlbefindens	X		(X)	X	
Verbesserung der Lern- und Konzentrationsfähigkeit, Erhöhung der Aufmerksamkeitsspanne	X	(X)	X		
Steigerung der Kreativität	X		X		(X)
Verbesserung der Selbstwahrnehmung, besseres Spüren der eigenen Körperlichkeit	X			X	
Schmerzabbau z.B. bei Verspannungs-Kopfschmerzen, Magenschmerzen und (haltungsbedingten) Nacken- und Schulterschmerzen	X		(X)	X	
Verbesserung d. Einschlafens u. Durchschlafens (Schlafstörungen)	X		(X)		
Abbau von Unruhe im Rahmen einer »Entzugsbehandlung« (z.B. Raucherentwöhnung oder Diät)	X		(X)	(X)	
Reduzierung des Bluthochdrucks	X		(X)		
Angstabbau bei existentiellen Problemen z.B. im Rahmen der Krebstherapie und der Sterbebegleitung	X		X		
Abbau sozialer Unsicherheiten und Ängste in Alltagssituationen	X	X	(X)	(X)	(X)
Abbau sozialer Unsicherheiten und Ängste, die auftreten, lange bevor die jeweiligen Alltagssituationen tatsächlich stattfinden	X	X	(X)	X	X

2. *Selbsttraining in zehn Wochen: Anleitung zur Eigenarbeit mit den Programmen I–IV*

Im folgenden wird die Struktur eines Selbsttrainings vorgestellt, das über die Dauer von zehn Wochen läuft und die Programme I bis IV umfaßt. Leser, die selbständig die Progressive Muskelentspannung erlernen wollen und ihre Übertragung in den Alltag erproben möchten, die darüber hinaus die Ruhe-Bilder einsetzen und eine Verbesserung ihrer Körperwahrnehmung erreichen möchten, finden im folgenden eine Anleitung für diese Eigenarbeit. Dabei wird verdeutlicht, welche Schritte aus den einzelnen Programmen – teilweise nacheinander, teilweise parallelgeschaltet – bei regelmäßigem täglichem Üben innerhalb einer Woche bewältigt werden können.

Natürlich kann die Bearbeitungszeit über den unten angegebenen Zeitraum verlängert werden, wenn dies das individuelle Lerntempo verlangt: Nie sollte beim Selbsttraining das Gefühl auftauchen, sich hetzen zu müssen. Es gibt kein Soll, das unbedingt erfüllt werden muß! Gönnen Sie sich ruhig etwas mehr Zeit, wenn Sie das Gefühl haben, bei einzelnen Übungsteilen noch verweilen zu wollen oder bestimmte Übungen mit mehr Ruhe vertiefen zu müssen.

Andererseits verkürzt sich die Lern- und Trainingszeit erheblich für diejenigen Personen, die nur mit einer Auswahl der Programme und Motivationshilfen arbeiten möchten: So kommt es immer wieder vor, daß sich eine tiefe Entspannungsfähigkeit bei manchen Menschen schon dann einstellt und im Alltag genutzt werden kann, wenn nur mit den Programmen I (Progressive Muskelentspannung) und II (Anwendung der Entspannung im Alltag) gearbeitet wird, bei anderen, wenn sie nur das Programm I, die Sensibilisierungsübungen des Programms IV und das »Runterschalten« (Motivationshilfen) durchführen.

Wichtig ist es, sich klarzumachen, welches Ziel Sie mit den Entspannungsübungen erreichen möchten: Hiervon wird es abhängen, welche der fünf Übungsprogramme dieses Buches Sie miteinander kombinieren. Das einführende Kapitel dieses Buchteils (siehe oben) informiert hierüber ja ausführlich (gegebenenfalls dort noch einmal nachlesen). Wenn Sie unsicher sind, welches der Programme sich am besten für Sie eignet oder ob sich Ihre persönlichen Zielsetzungen überhaupt mit Hilfe der Entspannungsarbeit erreichen lassen, so besprechen Sie das ruhig einmal mit einer Person Ihres Vertrauens. Noch besser wäre es, wenn Sie bei der Klärung dieser Frage den Weg zu einem Fachmann bzw. einer Fachfrau finden könnten.

Eines sollte bei alledem klar werden: Der Umgang mit »Streß« und »Belastung« kann prinzipiell immer auf zweierlei Art geschehen: Sie können auf die Belastungsfaktoren in Ihrem Lebensumfeld unmittelbar einwirken und versuchen, die stressenden Einflüsse zu verringern. Sie können andererseits sich selbst stärken und Ihre eigenen Fähigkeiten ausbauen, damit Sie lernen, mit Belastungen besser umzugehen. Das bedeutet: Entspannungsmethoden sind dann unsinnig, wenn es eigentlich darum ginge, krankmachende bzw. unzweckmäßige Lebenssituationen zu verändern. Oder wenn es darum gehen müßte, sich von permanenten Überforderungen abzugrenzen, statt sich ihnen immer wieder »brav« auszusetzen.

Eingedenk dieser Überlegungen wird nun das Ablaufschema für das Selbsttraining vorgestellt:

Jede der zehn Wocheneinheiten des Selbsttrainings umfaßt Arbeitsschritte aus unterschiedlichen Programmen. Neben neuen Übungen gibt es immer Wiederholungsübungen, die eine Vertiefung vorausgegangener Inhalte ermöglichen. Versäumen Sie nicht, erst dann mit den neuen Arbeitsschritten eines Programmes fortzufahren, wenn Sie die alten Schritte bereits gut beherrschen.

Ablaufschema Selbsttraining

Wochenprogramm 1

- Hinweise zum Erlernen der Progressiven Muskelentspannung (Programm I: 1., 2., 3.)
- Lernen der Progressiven Muskelentspannung (Programm I: 4./Teil 1)
- Erstellen von Ruhe-Bildern (Programm III: 1. und 2.)

Wochenprogramm 2

- Lernen der Progressiven Muskelentspannung (Programm I: 4./Teil 2)

- Vertiefen der Erfahrungen mit dem ersten Teil der Progressiven Muskelentspannung
  (mehrmals wöchentlich Teil 1 wiederholen)
- Überarbeiten der Ruhe-Bilder
  (Programm III: 3.)
- Koppelung von Entspannung mit Ruhe-Bild
  (Programm III: 4.)

Wochenprogramm 3
- Lernen der Progressiven Muskelentspannung
  (Programm I: 4./Teil 3)
- Vertiefen der Erfahrungen mit den Teilen 1 und 2 der Progressiven Muskelentspannung
  (mehrmals wöchentlich frühere Übungen wiederholen)
- Erinnerungssignale für das Entspannungstraining festlegen
  (Motivationshilfen: 1. und 2.)
- Koppelung von Entspannung mit Ruhe-Bild (wie bisher)
- Plus-Erfahrungen notieren (Motivationshilfen: 7.)

Wochenprogramm 4
- Lernen der Progressiven Muskelentspannung
  (Programm I: 4./Teil 4)
- Vertiefen der Progressiven Muskelentspannung
  (mehrmals wöchentlich frühere Übungen wiederholen)
- Ruhe-Bild bei schwer zugänglicher Körperpartie einsetzen
  (Programm III: 5.)
- Generalisierungsprogramm: Einführung und Variationen im Sitzen
  (Programm II: 1. und 2.)
- Erinnerungssignale für das Entspannungstraining benutzen
  (Motivationshilfen: 1. und 2.)
- Plus-Erfahrungen notieren (wie bisher)

Wochenprogramm 5
- Lernen der Progressiven Muskelentspannung
  (Programm I: 4./Teil 5)
- Vertiefen der Progressiven Muskelentspannung, Teile 1–4
  (mehrmals wöchentlich frühere Übungen wiederholen)

- Entspannung und Ruhe-Bild
  (Programm III: 4., 5. und 6.)
- Generalisierungsprogramm: Entspannung im Stehen
  (Programm II: 3.)
- Verbesserung der Körperwahrnehmung: »Einführung«
  und »Sensibilisierung für Hand und Armmuskeln«
  (Programm IV: 1. und 2.)
- Plus-Erfahrungen
  (wie bisher)

Wochenprogramm 6
- Lernen der Progressiven Muskelentspannung,
  (Programm I: 4./Teil 6)
- Vertiefen der Progressiven Muskelentspannung, Teile 1–5
  (mehrmals wöchentlich frühere Übungen wiederholen, besonders bei schwer zugänglichen Körperpartien trainieren)
- Generalisierungsprogramm: Entspannung beim Laufen
  (Programm II: 4.)
- Verbesserung der Körperwahrnehmung: Sensibilisierung
  für Gesichts-, Nacken- und Schultermuskeln
  (Programm IV: 3.)
- Arbeitsbögen anlegen
  (Motivationshilfen: 4.)
- Plus-Erfahrungen
  (wie bisher)

Wochenprogramm 7
- Vertiefen der Progressiven Muskelentspannung, Teil 6
- Generalisierungsprogramm: Anwendung der Entspannung
  in Alltagssituationen ohne Kommunikationsdruck
  (Programm II: 5.)
- Verbesserung der Körperwahrnehmung: Sensibilisierung
  für individuell bedeutsame Körperpartien
  (Programm IV: 4.)
- Arbeitsbögen überarbeiten, Eintragungen vornehmen
  (Motivationshilfen: 4.)

Wochenprogramm 8

- Generalisierungsprogramm: Vertiefen der Entspannungsübungen in Alltagssituationen ohne Kommunikationsdruck (Wiederholen und selbständiges Weiterarbeiten von Punkt 5. des Programms II)
- Verbesserung der Körperwahrnehmung: Sensibilisierung für den gesamtkörperlichen Zustand (Programm IV: 5.)
- »Runterschalten« (Motivationshilfen: 3.)

Wochenprogramm 9

- Generalisierungsprogramm: Anwendung der Entspannung in Alltagssituationen mit Kommunikationsdruck (Programm II: 6.)
- Selbständige Weiterarbeit mit den Sensibilisierungsübungen (Programm IV: 6.)
- »Runterschalten« (Motivationshilfen: 3.)
- Eigene Ideen erproben (Motivationshilfen: 5.); dabei »Entspannung nicht erzwingen« (Motivationshilfen: 6.) berücksichtigen

Wochenprogramm 10

- Generalisierungsprogramm: Vertiefen der Entspannungsübungen in Alltagssituationen mit Kommunikationsdruck (Wiederholung: Programm II: 6.)
- Generalisierungsprogramm: Training in sozialen Belastungssituationen (Programm II: 7.)
- Generalisierungsprogramm: Selbständige Weiterarbeit (Programm II: 8.)
- »Runterschalten« (Motivationshilfen: 3.)
- Zu einer allgemeinen abschließenden Bilanz der Eigenarbeit kommen (z.B. zusammenfassend Plus-Erfahrungen notieren, siehe Motivationshilfen: 7.).

3. Zwölf Sitzungen Gruppentraining mit den Programmen I–V: Anleitung für Psychosoziale Helfer

Psychosoziale Helfer, die Entspannungsübungen mit Erwachsenen durchführen wollen und dabei die fünf Programme berücksichtigen möchten, die in diesem Buch dargestellt sind, können ihre Trainingssitzungen an dem unten dargestellten Ablaufschema orientieren. Es werden die Arbeitseinheiten für 12 Sitzungen aufgeführt, die in der Arbeit mit Gruppen wiederholt Anwendung fanden. Gruppenteilnehmer waren dabei zum einen Klienten mit sozialen Ängsten, Unsicherheiten und psychosomatischen Beeinträchtigungen sowie kommunikationsgestörte Jugendliche und Erwachsene, zum anderen Teilnehmer von Fort- und Weiterbildungskursen und zum dritten Ratsuchende einer Studentenberatungsstelle mit unterschiedlichen Problemlagen.

Bevor die Sitzungsinhalte im einzelnen aufgeführt werden, sollen zuvor ein paar grundlegende Überlegungen zur Gruppenarbeit und zu der Rolle des psychosozialen Helfers, der die Entspannungssitzungen durchführt, angestellt werden:

- Eigenerfahrung mit Entspannung unerläßlich

Es gibt keinen Bäckerlehrling, der seinen Beruf bei einem Fleischer erlernen würde, keinen Meisterkoch, der wagen wird, einem Auszubildenden das Tischlerhandwerk zu vermitteln. Und so kann es auch keinen psychosozialen Helfer geben, der glaubt, andere erfolgreich die Techniken des Entspannens lehren zu können, wenn er selbst nicht ein Meister in diesem Fach ist. Ohne Eigenerfahrungen und vertiefte Praxis mit den Methoden des Entspannens sollte kein Gruppenleiter die Entspannungsarbeit mit anderen Menschen beginnen. Wer bei der Vermittlung unsicher ist oder gekünstelt wirkt, wird Verweigerung ernten oder Widerstände auslösen.

- Stimmigkeit von Person und Methode

Es gibt Ärzte mit einem äußerst geschulten diagnostischen Blick, die hervorragend Krankheitsanzeichen erkennen können und die doch unfähig sind, den Sorgen ihrer Patienten in Ruhe zuzuhören. Es gibt Sozialpädagoginnen, die mit hohem Einfühlungsvermögen die Empfindungen ihrer Klienten nachvollziehen und gut verbalisieren können, aber doch völlig hilflos werden, wenn es darum geht, sich abzugrenzen und eigene Interessen deutlich durchzusetzen.

Es ist gut, die eigenen Stärken zu kennen und zu wissen, wo die eigenen Grenzen liegen. Wer motorisch unruhig ist, wer selbst aufgekratzt und hektisch reagiert, wer die eigene Kraft und Sicherheit im ständigen Handeln-Müssen erleben möchte, wird wenig glaubwürdig erscheinen, wenn gerade er Entspannungsübungen vermittelt. Der psychosoziale Helfer muß von seiner persönlichen Erscheinung und Lebenshaltung her Entspannung authentisch leben, er muß sie selbst als Bereicherung für das eigene Leben erfahren haben und mit Freude hinter der Methode stehen. Eine solche Person wird ein gutes Vorbild für die Gruppenmitglieder sein und ohne viel Anstrengung – so ganz nebenbei – immer wieder hilfreiche Orientierungen geben können.

Vielleicht überlegen Sie einmal: Sind Sie jemand, der in der Entspannung nur eine Technik sieht, die wenig Bezug zu Ihnen selbst hat, oder stimmt diese Technik mit ihrer eigenen Person überein, paßt zu Ihnen und kann ohne Bruch an andere weitervermittelt werden?

● Selbst in die Rolle des Lernenden gehen

Die Überlegungen in den beiden vorausgegangenen Abschnitten legen es nahe, daß der psychosoziale Helfer, der mit den fünf Programmen dieses Buches arbeiten möchte, selbst erst einmal alle Übungsschritte »am eigenen Leibe« erprobt und gründlich Erfahrungen mit ihnen sammelt. Am besten ist dies natürlich mit Kolleginnen und Kollegen möglich, die selbst neue Handlungskompetenzen für ihre berufspraktische Arbeit erwerben möchten: In einer kollegialen Arbeitsgruppe lassen sich alle fünf Programme dieses Buches bearbeiten. Die gegenseitige Rückmeldung und fachkundige Diskussion wird dabei einen großen Gewinn darstellen können. Dabei wäre es günstig, die fünf Programme nach dem unten dargestellten Ablaufschema zu bearbeiten: Somit ließe sich sicherlich bereits ein Teil der Erfahrungen stellvertretend reflektieren, die die Teilnehmer der später durchzuführenden Trainingsgruppe machen werden.

● Beziehungsarbeit vor Technikvermittlung

Grundlage für die Arbeit mit Entspannung ist eine vertrauensvolle Beziehung des Gruppenleiters zu den Gruppenmitgliedern. Vielfach löst die Arbeit am Körper ein intensives Erleben der eigenen Befindlichkeiten aus, intensive Gefühle und Bedürfnisse, aber auch Abneigungen und Widerstände. Sie gilt es wahrzunehmen, auf sie muß der Gruppenleiter mit Ruhe eingehen, auch wenn dies den vorgeplanten Sitzungsablauf durcheinander bringt. Erst wenn sich der Gruppenleiter dem Erleben in der Gruppe angstfrei widmet und seinen Arbeitsplan flexibel auf aktuelle Probleme und Gruppenwünsche umzustellen vermag, kann er die Arbeitsfähigkeit in der Gruppe aufrechterhalten und die persönlichen Entwicklungsmöglichkeiten der einzelnen fördern (Ruth Cohn hat hierzu hilfreiche Anregungen gegeben).

Nach diesen grundsätzlichen Überlegungen wird nun das Ablaufschema für ein 12wöchiges Training in der Gruppe vorgestellt, das alle fünf Programme dieses Buches und Maßnahmen aus dem Kapitel Motivationshilfen umfaßt:

● Ablaufschema Gruppentraining

Sitzung 1

1. Gegenseitiges Kennenlernen (Vorstellen/warming up)
2. Klärung der Vorerfahrungen mit Entspannung bei den Teilnehmern
3. Einführung in das Entspannungstraining (Programm I/1., 2. und 3.)
4. Teil 1 der Progressiven Muskelentspannung (PME; Programm I/4.)
5. Anleitung zum Selbsttraining: Allgemeine Einführung, erste Aufgaben

Sitzung 2

1. Wiederholung: Teil 1 der PME
2. Austausch über Erfahrungen mit dem Selbsttraining
3. Einführung: Ruhe-Bilder (Programm III/1. und 2.)
4. Teil 2 der PME

Sitzung 3

1. Wiederholung: Teil 2 der PME
2. Ruhe-Bilder überarbeiten, Ruhe-Bild und Entspannung koppeln (Programm III/3. und 4.)

3. Arbeitsbögen anlegen (Motivationshilfen/4.)
4. Teil 3 der PME

Sitzung 4
1. Wiederholung einzelner Übungen der PME aus Teil 1–3
2. Plus-Erfahrungen notieren: Einführung und Diskussion (Motivationshilfen/7.)
3. Ruhe-Bild bei schwer zugänglichen Körperpartien einsetzen (Programm III/5.)
4. Generalisierung der Entspannungsfähigkeit: Theoretische Einführung und erste Erprobung: Variationen im Sitzen (Programm II/1. und 2.)

Sitzung 5
1. Teil 4 der PME; Motivationshilfen/6. berücksichtigen
2. Generalisierung: Entspannung im Stehen (Programm II/3.)
3. Sensibilisierungsübungen: Einführung und erste Erprobung (Programm IV/1. und 2.)
4. Plus-Erfahrungen: Den Blick auf das Positive richten (siehe Motivationshilfen/7.)

Sitzung 6
1. Teil 5 der PME
2. Generalisierung: Entspannung beim Laufen (im Raum, außerhalb des Raumes, im Gebäude; Programm II/4.)
3. Sensibilisierungsübungen: Wahrnehmen von Gesichts-, Nacken- und Schultermuskeln bei Rollenspielen (entsprechend Programm IV/3.)

Sitzung 7
1. Teil 6 der PME, mit Ruhe-Bild abschließen
2. In-vivo-Arbeit (Arbeit außerhalb des Sitzungszimmers): Anleitung zum Wahrnehmen von Hand-, Arm-, Gesichts-, Nacken- und/oder Schultermuskeln in Situationen auf der Straße, im Geschäft, der U-Bahn etc. (entsprechend Programm IV/3. und 4.)
3. In-vivo-Arbeit: Anwendung der Entspannung in Alltagssituationen ohne Kommunikationsdruck (Programm II/5.)

Sitzung 8

1. Bilanz über bisher erzielte Plus-Erfahrungen und über Probleme bei der bisherigen Eigenarbeit
2. Entspannungsinstruktion durch den/die Klienten: Kontrolle über Beherrschung bzw. individuellen Umgang mit Entspannungsanleitung wird so möglich (Rückmeldung geben!)
3. In-vivo-Übung: Sensibilisierung für individuell bedeutsame Körperpartien (Programm IV/4.)
4. In Zweier-Gruppen In-vivo-Übungen außer Haus: Anwendung von Entspannung in Alltagssituationen mit Kommunikationsdruck (Programm II/6.)

Sitzung 9

1. Teil 6 der PME; mit Phantasiereise abschließen
2. Sensibilisierungsübung: Wahrnehmung des gesamtkörperlichen Zustands bei der Durchführung vorgegebener Rollenspiele (entsprechend Programm IV/5.)
3. In Zweier-Gruppen In-vivo-Übungen außer Haus: Anwendung von Entspannung in sozialen Belastungssituationen (Programm II/7.)

Sitzung 10

1. Entspannungstraining: jeder für sich, bezogen auf noch schwer zugängliche Körperpartien
2. Wiederholung: Erinnerungssignale, Arbeitsbögen, Wochenpläne (siehe Motivationshilfen)
3. »Runterschalten«: Einführung und erste Erprobung in der Gruppendiskussion (siehe Motivationshilfen/3.)
4. Bewältigungstraining in der Vorstellung: Einführung und erste Demonstration, Ermittlung schwieriger Alltagssituationen (siehe Programm V/1., 6. und 2.)
5. Selbsttraining: Schwierige Alltagssituationen ermitteln und Selbstbeobachtung in Belastungssituationen (Programm V/2. und 3.)

Sitzung 11

1. »Runterschalten« bei lebhaften Rollenspielen
2. Bewältigungstraining in der Vorstellung:
   - Überarbeitung der ermittelten Situationen, Bilden von Rangreihen, Festlegen des Zielverhaltens

- Üben des positiven Verbalisierens
- Koppeln von Entspannungsübung und Bewältigungstraining demonstrieren und erproben lassen

(Programm V/ 3., 4., 5., 6.)

3. Selbständige Weiterarbeit: Anregungen, Motivationshilfen (siehe jeweils letzter Punkt in den einzelnen Programmen)

Sitzung 12

1. Bewältigungstraining in der Vorstellung: Offene Fragen, Wiederholung einzelner Arbeitsschritte
2. Bilanz der eigenen Veränderungen
3. Empfehlung/Festlegung individueller Arbeitsschritte für die selbständige Weiterarbeit
4. Umgang mit »Rückfällen«: Diskussion von Selbsthilfemaßnahmen
5. Auswertung der Gruppenarbeit und Verabschiedung

Abschließend sei noch auf vier Punkte hingewiesen:

● Ruhe im Trainingsablauf gönnen

GruppenleiterInnen sollten ihre Sitzungen nicht bis zum Rande mit Programmpunkten vollstopfen! Es gibt immer aktuelle Fragen und Probleme, die aufgegriffen werden sollten. Vor allem Probleme mit dem täglichen Üben dürfen nicht liegenbleiben: Sie signalisieren Schwierigkeiten und Widerstände, die in Ruhe zum Thema zu machen sind, auch dann, wenn sich der Zeitplan dadurch verschiebt. Auch ist es z.B. unerläßlich, nach jeder Entspannungsübung aus dem Programm I genügend Zeit zur Auswertung und Besinnung zu lassen: z.B. zu klären, welche Körperempfindungen, Gefühle und Gedanken bei der Übung aufgetaucht sind, welche Wörter oder Formulierungen aus der Anweisung sich mit dem Entspannungserleben der Teilnehmer nicht vertragen haben (s.u.) und ähnliches. Immer ist es wichtig, erst dann mit dem nächsten Arbeitsschritt fortzufahren, wenn die Gruppenmitglieder den vorausgegangenen Schritt bewältigt haben.

Veränderungen brauchen Zeit. Und gerade die Bewältigung neuer Lernschritte braucht Zeit! Und noch etwas ist klar: Eine Gruppe mit acht Mitgliedern benötigt mehr Zeit als eine Gruppe mit sechs Mitgliedern. Gegebenenfalls kann es sich also lohnen, den gesamten Trainingsablauf um zwei/drei Sitzungen zu verlängern.

● Entwicklung eines eigenen Trainingskonzeptes
Der psychosoziale Helfer sollte gründlich überprüfen, ob die hier vorgegebenen Sitzungseinheiten »einfach« für die eigenen Arbeitszusammenhänge zu übernehmen sind. Bei allen programmatischen Vorgaben im Bereich von Beratung, Therapie und Erwachsenenbildung kann es grundsätzlich immer nur darum gehen, die vorgestellten Schritte als Basis für die Entwicklung eines eigenen Trainingskonzeptes zu nehmen: Dieses hätte nämlich unmittelbar Bezug zu nehmen auf die jeweilige Zielgruppe, auf die besonderen Problemlagen der einzelnen Individuen, auf die institutionellen Rahmenbedingungen, unter denen die Entspannungsarbeit stattfindet (z.B. auf die konkrete Ausstattung und die Arbeitsplatzsituation des psychosozialen Helfers) sowie auf seine persönlichen Fähigkeiten und Begabungen.

● Berücksichtigung gruppenpädagogischer Maßnahmen
Außerdem muß man sich vergegenwärtigen, daß die zweistündigen Sitzungen, neben den oben aufgeführten Schritten der Programme I bis V und der Motivationshilfen, natürlich immer auch allgemeinere gruppenpädagogische bzw. -therapeutische Maßnahmen umfassen müssen wie z.B. Einheiten zum gegenseitigen Kennenlernen bzw. gruppendynamische Übungen oder »Warming up's«, Bewegungsspiele, Gesprächs- und Diskussionsphasen sowie Rollenspiele zu belastenden Alltagssituationen. Zu Sitzungsbeginn sollte auf die Eigenarbeit in der vergangenen Woche eingegangen werden, zu Sitzungsende sind die Selbsttrainingsaufgaben für die kommende Woche festzulegen. (Die Maßnahmen in den Sitzungen sollten jeweils gründlich auf die bevorstehenden Selbsttrainingsaufgaben vorbereiten!) Besonders wichtig ist immer der Wechsel von Ruhe (Entspannung) und Bewegung (Aktionen in der Gruppe), um Ermüdungsphänomenen entgegenzuwirken und die Lernbereitschaft und Mitarbeitsfreude der einzelnen zu fördern. Gerade bei der Vermittlung von Entspannungsmethoden käme »das Hocken auf den Stühlen über zwei Stunden« einem Kunstfehler gleich.

Das »Ablaufschema Gruppentraining« stellt also nur einen Leitfaden für den Gruppenleiter dar: Seiner Kreativität sind keine Grenzen gesetzt: Dies betrifft sowohl den individuellen Zuschnitt der Programmschritte auf die Gruppenmitglieder und die Abstimmung des Gesamtkonzeptes auf die konkreten Rahmenbedingungen der Arbeitsstelle als auch die Einbettung der einzelnen Übungen während der einzelnen Sitzungen in umfassende sozialpädagogische bzw. beraterisch-therapeutische Maßnahmen.

- Die Spielregeln der Phantasie berücksichtigen

Bei der Verbalisierung bildhafter Vorstellungen (z.B. wenn Ruhe-Bilder vorgegeben werden) wird der Gruppenleiter immer wieder mit der Tatsache konfrontiert, daß alle noch so schönen und noch so allgemeingültig erscheinenden Entspannungsinhalte doch sehr unterschiedliche Assoziationen bei den Mitgliedern seiner Gruppe auslösen: Das »ruhig dahingleitende Segelboot auf dem weiten Meer« läßt eine Nichtschwimmerin an einen plötzlich aufkommenden Gewittersturm denken; das »wohlige Schaukeln auf der warmen Luftmatratze« weckt Erinnerungen an Übelkeit und Seekrankheit bei einem begeisterten Griechenlandreisenden, der viele Schaukelpartien auf kleinen Fischerbooten hinter sich hat; aus der »tiefen Bläue des warmen Riffs« schnellt für eine andere Teilnehmerin ganz plötzlich ein Hai mit weit aufgerissenem Maul hervor. Solche Gespenster beenden blitzartig den Entspannungszustand. Sie lassen sich nur schwerlich bannen – denn es handelt sich bei ihnen nicht um »abartige« Phantasien, sondern um den erfrischenden Ausdruck der Beweglichkeit unseres Geistes. Denken Sie z.B. jetzt einmal an einen Ort, an dem Sie sich in Ihrer Kindheit häufig aufgehalten haben, denken Sie jetzt gleich daran, jetzt in diesem Augenblick, an einen Ort oder Platz, den Sie gerne aufgesucht haben, an dem es Ihnen gut ging und der Ihnen Kraft und Ruhe gegeben hat. Schließen Sie die Augen und legen Sie ein Weilchen das Buch zur Seite!

Ich bin sicher, daß es nicht die Hundehütte war, die automatisch aufgetaucht ist, nicht die kuschlig-warme Hundehütte mit dem langhaarigen Benno und seinem seidenen Fell, auch nicht die Bodenkammer mit der kleinen Kissenburg im Dachgeschoß oder der knautschige Ledersessel an der Heizung neben Omis Schaukelstuhl. Aber vielleicht war es das Lager unter dem großen Eichentisch mit der herabhängenden goldenen Fransendecke im alten Wohnhaus? Oder? Doch nicht? Nun, jeder Mensch hat seinen eigenen Erfahrungsschatz, aus dem heraus die inneren Bilder gespeist werden. So darf man sich bei den bildhaft angereicherten Entspannungsinstruktionen nicht wundern, wenn man den

Haifisch unachtsam aus seinem Versteck gelockt hat und wenn man feststellen muß, daß es kaum ein Gruppenmitglied gibt, das bereit wäre, in die kuschlige Hundehütte zu Benno zu ziehen.

Der/die GruppenleiterIn wird, wenn er/sie sich nach jeder Übung mit dem Erleben der Teilnehmer auseinandersetzt, aufgrund ihrer Rückmeldungen zunehmend sensibler für den eigenen Sprachstil und die Art der eigenen verbalen Impulse werden: So lassen sich hinderliche Verbalisierungsformen identifizieren und gegebenenfalls verändern. (Hilfreiche Anregungen zur Verbalisierung von Vorstellungsinhalten in der Literatur zur Hypnotherapie finden sich; vgl. z.B. Grinder/Bandler, 1991; Erickson/Rossi, 1991).

Literatur

Unterstützende Hinweise für das Selbsttraining:

Gudjons, H./Pieper, M./Wagener, B.: Auf meinen Spuren. Das Entdecken der eigenen Lebensgeschichte. Rowohlt, Reinbek bei Hamburg 1986

Kanfer, F.H./Reinecker, H./Schmelzer, D.: Selbstmanagement-Therapie. Ein Lehrbuch für die klinische Praxis. Springer, Berlin 1990

Schwäbisch, L./Siems, M.: Anleitung zum sozialen Lernen für Paare und Gruppen. Kommunikations- und Verhaltenstraining. Rowohlt, Reinbek bei Hamburg 1974

Teegen, F./Grundmann, A./Röhrs, A.: Sich ändern lernen. Anleitung zur Selbsterfahrung und Verhaltensmodifikation. Rowohlt, Reinbek bei Hamburg 1975

Unterstützende Hinweise zur Arbeit mit dem Gruppentraining:

Bachmair, S./u.a.: Beraten will gelernt sein. Ein Übungsbuch für Anfänger und Fortgeschrittene. Psychologie Verlags Union, München [4]1989

Cohn, R.C.: Von der Psychoanalyse zur themenzentrierten Interaktion. Klett-Cotta, Stuttgart [9]1990

Egan, G.: Helfen durch Gespräch. Ein Trainingsbuch für helfende Berufe. Beltz, Weinheim 1990

Gudjons, H.: Spielbuch Interaktionserziehung. Klinkhardt, Bad Heilbrunn [7]1990

Langmaack, B./Braune-Krickau, M.: Wie die Gruppe laufen lernt. Anregungen zum Planen und Leiten von Gruppen. Beltz, Weinheim [5]1995

Marmet, O.: Ich und du und so weiter. Kleine Einführung in die Sozialpsychologie. Psychologie Verlags Union, Weinheim [2]1988

Yalom, I.: Theorie und Praxis der Gruppenpsychotherapie. Pfeiffer, München 1989

Hervorragend geeignet besonders auch für die Arbeit mit Kindern und Jugendlichen:

Teml, H.: Entspannt lernen. Streßabbau, Lernförderung und ganzheitliche Erziehung. Veritas, Linz [2]1990

Literaturverzeichnis

Bachmair, S./Faber, J./Hennig, C./Kolb, R./Willig, W.: Beraten will gelernt sein. Ein Übungsbuch für Anfänger und Fortgeschrittene. Psychologie Verlags Union, München [4]1989

Bernstein, D./Borkovec, Th.: Entspannungs-Training. Handbuch der progressiven Muskelentspannung. Pfeiffer, München [5]1990

Brenner, H.: Das große Buch der Entspannungstechniken. Humboldt, München 1989

Cohn, R.C.: Von der Psychoanalyse zur themenzentrierten Interaktion. Klett-Cotta, Stuttgart [9]1990

Echelmeyer, L./Zimmer, D.: Entspannungstraining auf der Basis der progressiven Muskelentspannung. Tonkassette und Begleitheft. Pfeiffer, München 1980

Egan, G.: Helfen durch Gespräch. Ein Trainingsbuch für helfende Berufe. Beltz, Weinheim 1990

Erickson, M.H./Rossi, E.L.: Hypnotherapie. Aufbau – Beispiele – Forschungen. Pfeiffer, München 1991

Florin, I.: Entspannung – Desensibilisierung. Kohlhammer, Stuttgart 1978

Florin, I./Tunner, W. (Hrsg.): Therapie der Angst. Urban & Schwarzenberg, München 1975

Friebel, V.: Die Kraft der Vorstellung. Mit Visualisierung die Selbstheilung anregen. Trias, Stuttgart 1993

Grinder, J./Bandler, R.: Therapie in Trance. Hypnose: Kommunikation mit dem Unbewußten. Klett, Stuttgart [5]1991

Gudjons, H.: Spielbuch Interaktionserziehung. Klinkhardt, Bad Heilbrunn [4]1990

Gudjons, H./Pieper, M./Wagener, B.: Auf meinen Spuren. Das Entdecken der eigenen Lebensgeschichte. Rowohlt, Reinbek bei Hamburg 1986

Hinderer, Lothar: Die Kunst der Gelassenheit. Entspannungstraining für ein besseres Leben. Beltz Quadriga, Weinheim 1992

Höfler, R./Kattenbeck, M.: Klinische Anwendungen der progressiven Relaxation. In: Bernstein, D., Berkovec, T., a.a.O.

Jacobson, E.: Progressive Relaxation. Chicago, University of Chicago Press 1938

Jacobson, E.: Entspannung als Therapie. Progressive Relaxation in Theorie und Praxis. Pfeiffer, München 1990.

Kanfer, F.H./Reinecke, H./Schmelzer, D.: Selbstmanagement-Therapie. Ein Lehrbuch für die klinische Praxis. Springer, Berlin 1990

Krech, D./Crutchfield, R./Livson, N./Wilson, W. jr./Parducci, A.:Motivations- und Emotionspsychologie. Grundlagen der Psychologie, Bd. 5. Beltz, Weinheim 1985

Langen, D.: Formen der Selbstversenkung. Zeitschrift für Psychotherapie und medizinische Psychologie 30 (1980), S. 139–173

Langmaack, B./Braune-Krickau, M.: Wie die Gruppe laufen lernt. Anregungen zum Planen und Leiten von Gruppen. Beltz, Weinheim [5]1995
Lazarus, A.: Innenbilder. Imagination in der Therapie und als Selbsthilfe. Pfeiffer, München 1980
Mack, I.: Aus der Entspannung leben. Selbsthilfe durch Autogenes Training. Kreuz-Verlag, Stuttgart 1988
Mahoney, M.: Kognitive Verhaltenstherapie. Neue Entwicklungen und Integrationsschritte. Pfeiffer, München [2]1979
Mandler, G.: Denken und Fühlen. Zur Psychologie emotionaler Prozesse. Junfermann, Paderborn 1979
Marmet, O.: Ich und du und so weiter. Kleine Einführung in die Sozialpsychologie. Psychologie Verlags Union, Weinheim [2]1988
Masters, R./Houston, J.: Phantasie-Reisen. Zu neuen Stufen des Bewußtseins: Ein Führer durch unsere inneren Räume. Kösel, München 1984
Mrochen, S.: Die Ansätze von M.H. Erickson und F. Baumann in der hypnotherapeutischen Arbeit mit Kindern und Jugendlichen. Hypnose und Kognition, Band 7, 1990, S. 76–80
Müller, E.: Du spürst unter Deinen Füßen das Gras. Autogenes Training in Phantasie- und Märchenreise. Vorlesegeschichten. Fischer, Frankfurt a.M. 1983
Murdock, M.: Dann trägt mich meine Wolke. Bauer, Freiburg 1989
Ohm, D.: Progressive Relaxation. Überblick über Anwendungsbereiche, Praxiserfahrungen und neuere Forschungsergebnisse. Report Psychologie (Zeitschrift des Berufsverbandes Deutscher Psychologen, 17. Jahrgang), 1/1992, S. 27–43
Peter, B./Geissler, A.: Muskelentspannung. Mit Begleitheft, 2 Tonkassetten. Mosaik, München 1989
Peter, B./Gerl, W.: Entspannungstraining. Das umfassende Training für Körper, Geist und Seele. Orbis, München 1991
Petermann, F./Vaitl, D. (Hrsg.): Handbuch der Entspannungsverfahren, Bd. 2: Anwendungen. Psychologie Verlags Union, Weinheim 1994
Rico, G.: Garantiert Schreiben lernen. Rowohlt, Reinbek bei Hamburg 1984
Schwäbisch, L./Siems, M.: Anleitung zum sozialen Lernen für Paare und Gruppen. Kommunikations- und Verhaltenstraining. Rowohlt, Reinbek bei Hamburg 1974
Singer, J.: Phantasie und Tagtraum. Imaginative Methoden in der Psychotherapie. Pfeiffer, München 1978
Stokvis, B./Wiesenhütter, E.: Lehrbuch der Entspannung. Hyppokrates-Verlag, Stuttgart [4]1979
Teegen, F./Grundmann, A./Röhrs, A.: Sich ändern lernen. Anleitung zur Selbsterfahrung und Verhaltensmodifikation. Rowohlt, Reinbek bei Hamburg 1975
Teml, H.: Entspannt lernen. Streßabbau, Lernförderungen und ganzheitliche Erziehung. Veritas, Linz [2]1990
Tharp, R./Wetzel, R.: Verhaltensänderung im gegebenen Sozialfeld. Urban & Schwarzenberg, München 1975
Vaitl, D.: Psychophysiologie der Entspannung. In: Vaitl, D., Petermann, F. (Hrsg.): Handbuch der Entspannungsverfahren, Bd. 1: Grundlagen und Methoden. Psychologie Verlags Union, Weinheim 1993, S. 25–63
Vaitl, D./Petermann, F. (Hrsg.): Handbuch der Entspannungsverfahren, Bd. 1: Grundlagen und Methoden. Psychologie Verlags Union, Weinheim 1993

Watson, D./Tharp, R.: Einübung in Selbstkontrolle. Grundlagen und Methoden der Verhaltensänderung. Pfeiffer, München [4]1985
Wendlandt, W.: Gedankentraining. In: Selbstsicherheitstraining. Praktischer Teil. In: Wendlandt, W./Hoefert, H.-W.: Selbstsicherheitstraining. Otto Müller Verlag, Salzburg 1976, S. 112–129
Wendlandt, W.: Qual im Alltag. In: Zum Beispiel Stottern. Stolperdrähte, Sackgassen und Lichtblicke im Therapiealltag. Pfeiffer, München 1984, S. 111–145
Wendlandt, W.: Zur In-vivo-Arbeit in der Therapie. In: Sprache, Stimme, Gehör, 8/1984, S. 44–50
Wendlandt, W./Hoefert, H.-W.: Selbstsicherheitstraining. Otto Müller Verlag, Salzburg 1976
Werder, L. von: Lehrbuch des kreativen Schreibens. IfK-Verlag, Berlin 1990
Yalom, I: Theorie und Praxis der Gruppenpsychotherapie. Pfeiffer, München 1989